日本企業にいま大切なこと

野中郁次郎／遠藤 功
Nonaka Ikujiro / Endo Isao

PHP新書

日本企業にいま大切なこと

目次

序章

日本の経営者は「実践知のリーダー」である――野中郁次郎

第Ⅰ部

成功している世界企業は「アメリカ型」ではない

第1章

リーマン・ショックと大震災で何が変わったか

第2章

横文字思考の〝毒〟

第3章

傷ついた日本の「暗黙知」と「現場力」

第Ⅱ部　海外に売り込める日本の「強み」

第4章　ムダが多いはずの「総合力」が生きる時代

第5章

世界に注目される共同体経営

第6章

優秀な個を結集する「チーム力」

第Ⅲ部 スティーブ・ジョブズに学ぶ「日本型」リーダーシップ

第7章 意思決定のスピードをいかに上げるか

第8章 優秀なミドルをどう育てるか

第9章

賢慮型リーダーの条件

終章 リーダーはつねに現場とともにあれ
——遠藤 功

序章

日本の経営者は「実践知のリーダー」である

野中郁次郎

リアリズムなき日本政治は「失敗の本質」をくりかえした

東日本大震災のあと、一九八四年に刊行した『失敗の本質』(戸部良一、鎌田伸一、村井友秀、寺本義也、杉之尾孝生各氏との共著/現在、中公文庫に収録)が話題になったと聞いた。被災地や原発事故への政府対応に、敗戦すべくして敗戦した日本軍の「失敗の本質」との共通性を読み取る人々が多かったのではないだろうか。

もちろん、震災後に日本が示した連帯感を見て、「わが国にはまだ強固なコミュニティが存在し、世界に誇るべき現場力が残っている」と感じた人も多いだろう。しかしその一方、かつての日本軍と同様、いまの日本政治が客観的に現実を直視していないという問題点も浮かび上がった。

以下は私が属する組織とは関係のない、あくまで個人的な見解だが、菅政権は将来性を指し示す大局的な国家戦略が曖昧《あいまい》で、そこにはリアリズムがない。そのため、なかば評論家的な視点から、机上の空論を戦わせているのではないか——と私は感じた。この国にはまだ、傍観者的に発言することが知的と感じる風潮が残っているが、実際には、これほど反知的な行為はない。

これだけグローバル化が進んだ社会において、たとえば原子力の問題一つとっても、世界の知をいかに活用するかというケタ違いの関係性が求められていることを、否定できる人はいないだろう。そこにはリアリズム、さらには開かれたプラグマティズム（実用主義）が不可欠になってくる。

『失敗の本質』で述べた「組織としての日本軍が、環境の変化に合わせてみずからの戦略や組織を主体的に変革することができなかった」というリアリズムの欠如を司馬遼太郎もまた、認識していた。

司馬は戦時中、日本の戦車隊に入隊していたが、当時の日本の戦車はおもちゃのようなもので、アメリカの戦車にとうてい敵《かな》うはずがない、とみなが熟知していた。しかしそれにもかかわらず、「こんな戦車で戦えるのか」とだれも口にしなかったのだ。

戦車という兵器を通し、知識のうえでは国際比較ができても、ヒシヒシと実感として身体のなかに入ってくる国家環境にいなかった、というような見立てを司馬は『歴史と視点』（新潮文庫）で語っている。当時の日本人は、地理的な隔絶性によって感覚的な民度を高めることができず、現実直視ができていなかったのだ。

イデオロギーがもたらす単眼思考

逆に、十九世紀後半の明治人は、どの時代の日本人よりも現実的で武士的リアリズムがあった、と司馬は言う。そこから日露戦争を戦った軍人、たとえば秋山真之は海軍に能島《のしま》水軍の兵術を導入し、コサックの馬に日本の馬は敵わないと見た秋山好古《よしふる》は火力による戦い、つまり機関銃での応戦を考えた。そのような合理主義と健全さがその時代にはあり、さらにはみずからの弱さについて、認識と計算ができたのである。

伊藤博文ら政治家たちが明治維新後、一年半をかけて外遊し、民法はフランス、軍事はフランスとドイツ、科学技術はアメリカ、と各国のいいとこ取りをしたのも、ある種のプラグマティズムであった。ただし、そこに志がなかったわけではない。「日本のため」という大きな理想がありながら、理想だけに溺《おぼ》れることなく、その実現に向けて学ぶべきところを採り入れたのである。

まさに彼らは「理想主義的プラグマティズム」の実践者だったのだ。

もともと武士道には、形而上学《けいじじょうがく》とは無縁でありながら、「世のため人のため」という自己犠牲の精神があり、プラグマティズムと理想主義の両方をあわせもっていた。明治の政治家はさらに外国から学習し、そこから日本独自の咀嚼《そしゃく》を加えることで、武士的リアリズムをさらに高次へと発展させたのである。

ところが日露戦争を境に、日本は十九世紀後半に身につけたはずのリアリズムを失い、空虚なイデオロギーに支配されていく。イデオロギーは絶対に二項の共存を許さず、単眼的な視点に人を陥らせてしまう。日露戦争以降の日本の軍事組織もまた、「大艦巨砲がいい」となれば、ひたすらそれを使った戦術を考え、「銃剣突撃がいい」となれば、精神力を基盤とした白兵決戦主義となる。複眼的なリアリズムが失われてしまったのだ。

菅政権のイデオロギーとは何だったのか。それはやはりマルキシズムであろう。たしかに私たちが若きころは『資本論』を小脇に抱えることがインテリの条件で、マルキシズムこそ正義だった。ところが、いつまでたっても「理想社会」は実現されない。実践知的に考えれば「理論が間違っている」となるにもかかわらず、マルキシズムで育った人たちの何割かは、そのような視点を獲得できなかったのではないだろうか。

イデオロギーがもたらす単眼思考から脱却するために重要なのは、「いま・ここ」の現実と向き合う力である。データが十分にない状態でも、現実を深く見つめて未来を洞察し、機敏に動いてまずはその考えを「試してみる」のだ。

そのようなプラグマティズムに基づいた政策を、世界各国は次々に打ち出している。たとえば、現在シンガポールのリー・クワンユー公共政策大学院の院長を務めるキショール・マブバニ氏も、私との対談で「アジア諸国のリーダーは成長戦略を実現するため、プラグマティズムを採用している」と明言した。

事実、同国は英国の植民地だったが、みずからの成長を求めるにあたって過去を全否定すべきでない、と考えた。植民地主義を否定してマルキシズムに向かうのではなく、英語も含め、イギリスが残したある種のプラグマティズムを受け継ぐ道を選んだのだ。

リー・クワンユー元首相自身も「共通言語にはだれの母語でもない英語をあえて採用

した。国民の信任を受けた政治が適切な政策を打ち出し、さらに国民の信頼を勝ち取る。その循環が国の成長には欠かせない」（二〇一一年五月十六日付『日本経済新聞』）と述べている。

マルキシズムに立脚した中国もまた、『毛沢東語録』を必読とする一方、鄧小平は「白猫であれ黒猫であれ、ネズミを捕るのがいい猫」と資本主義を評価した。マルキシズムの思想と資本主義の手法をプラグマティックに現実適応させた結果、中国に今日の急成長がもたらされたのだ。

このような冷徹なリアリズムが、菅政権からはあまり強く感じられなかった。リアリズムを求めるならば、自己否定を行う必要がある。しかし、その勇気がなければ、みずからを正当化し、そこで生まれてくる現実との矛盾を糊塗《こと》せざるをえない。そのため国民は、「どこかおかしい」と感じて支持率は上がらず、不信感は増幅される。

原発問題のみならず、尖閣列島や北方領土をめぐる諸外国との軋轢《あつれき》に対しても有効な政策を打ち出せないのは、安全保障などへの現実意識が薄いからではないか。安全保障とは、政治、経済・産業、軍事、文化など有機的な関係性の上に成り立つ全体戦略だが、個別の対応を考えすぎると大局的見地を見失い、全体最適ができなくなる恐れがある。

またそれゆえ、菅政権が各国とのネットワークを構築できていたかも疑問である。だからこそ、国家の枠を超えて知を結集し、収束に当たるべき原発事故において、IAEA（国際原子力機関）をはじめとする世界は、日本に不信の目を向けた。

第二次大戦時に英国首相であったウィンストン・チャーチルは、シェルターつきの部屋にアメリカ大統領フランクリン・ルーズベルトとの直通電話を設け、トイレのなかに置いてその存在を隠すというリアリズムをもっていた。今回の原発事故でも、もし小泉純一郎氏が首相であったなら、おそらくすぐアメリカ大統領に電話したはずである。そのような人脈をもっていることこそが政治のリアリズム、そう私は感じるのである。

「実践知」を活かした戦時のリーダー

『失敗の本質』の刊行から二十年後、私たちは『戦略の本質』（二〇〇五年／日本経済新聞社）と題した著作をものした。ここで言う「戦略」とは、高度な政治的判断である。政治とは「可能性のアート」であり、交渉と調整のプロセスを通じた未来創造と言ってよい。

　そして、その根幹になるのが「フロネシス」（実践知〈プラクティカル・ウィズダム〉ないしは賢慮《けんりよ》〈プルーデンス〉）という概念だ。

　フロネシスとはアリストテレスが提唱した言葉であり、「共通善」の価値基準をもって、個別の文脈の只中《ただなか》で、適時適切な判断とスピーディに行動できるという「実践知」を指す。そのような実践知を活かせる人物を、私たちは「フロネティック・リーダー」と呼んだ。そのモデルの一人が、先にふれたチャーチルである。

　彼はきわめてプラグマティックに現実を直視し、現場とたえず対話を行いながらも大局観を失わず、戦略を描き出していった。あのピーター・ドラッカーも『「経済人」の終わり』（ダイヤモンド社）で、チャーチルを高く評価している。当時のヨーロッパにおいて、ドイツ帝国のヒトラーに対抗して立ち上がったのはチャーチルだけであった。「もしチャーチルがいなければ、アメリカもナチスの支配に対し手を出さずに終わったかもしれないことを実感するのは難しい。まさにチャーチルが与えてくれたものこそ、ヨーロッパが必要とするものだった。道義の権威であり、価値への献身であり、行動への信奉だった」。このようにドラッカーは語る。

チャーチルのリーダーシップの本質とは何か。

第一に、彼は「善悪の判断」を明確にジャッジメントする能力をもっていた。だから「民主主義」という公共善を守るため、対独戦に断固、立ち上がったのだ。一九四〇年にイギリス下院議会で行った首相就任演説はいまだ、民衆の心に刻まれている。

「私には、血と苦労と汗と涙しか提供できるものがない。……〈中略〉……勝利――あらゆる犠牲を払っての勝利、あらゆる恐怖をものともしない勝利、そこにいたる道がいかに長く困難であろうと、勝利が目的である」

第二に彼が長《た》けていたのは、他者と文脈（コンテクスト）を共有して共通感覚を熟成する能力である。たえず国民から「見える首相」であることに力を注ぎ、共感の場づくりに優れ、理論づけや正当化も巧みであった。

さらには最悪な事態においてさえ、にわかに浮上するユーモアの絶妙なタイミングを知っていた。現在の政治家で、このような「この人ならいっしょについていこう」と人々を鼓舞《こぶ》するレトリックを駆使できる人物が、どれだけいるだろうか。

レトリックという言葉は悪い意味で使われることもあるが、本来は、ギリシア・ローマ時代の教養の一部である。塩野七生氏の『ローマ人の物語』（新潮社）を読めば、その大半がレトリックで構成されていることがわかるだろう。

本田宗一郎や松下幸之助など、かつて日本の黄金時代を支えたリーダーたちもまた、レトリックの駆使に長けていた。全身全霊をかけた思いが哲学にまで昇華《しょうか》し、行動に反映される。だからこそ、そのレトリックに人々は踊る。逆にいえば、口先だけの言葉に、人々は決して感動することはない。

第三に、ありのままの現実を凝視《ぎょうし》する能力。チャーチルは頻繁《ひんぱん》に現場に足を運んでは、戦争における「いま・ここ」、すなわち生きたアクチュアリティに身を置いて、軍司令官と対話した。走りながら考え抜いたのだ。

他方、ヒトラーが前線に出向いたのは六年間の戦争期間中、ポーランドに侵攻した一度だけである。ドイツのグデーリアン将軍による「冬のロシアのはてしなく広がる雪をその目で見て、そこに吹き抜ける、凍《い》てつくような風を肌で感じた者だけが、このときの出来事のほんとうの判断を下せる」という批判は的を射たものであった。

第四に、本質や直観を、生きた言語で再構成する能力。たえず歴史という大きな物語のなかに自己を位置づけることによって、自分自身を創造し、絶対価値（長期）を相対価値（短期）で補完した。

歴史や文学に造詣《ぞうけい》が深かったチャーチルは、文章や劇作の天才でもあった。演説原稿でさえスタッフにはまかせず、「人を鼓舞する言葉」だけではなく、「叙述し、明確化し、説明する言葉」の重要性を理解していたのだ。空襲下のロンドン市民は、ラジオから流れる彼のシェイクスピア調の演説を聞かずには、眠りにつけなかったという。

第五に、あらゆる手段を巧みに使い、概念を共通善に向けて実現する能力。みずから国防相を兼務し、有能な一〇人前後のウォー・キャビネット（戦争内閣）をつくって議論し、権限を付与しながらも、たえず現場と積極的に対話をした。

そして最後に、賢慮を育成する能力。チャーチルはみずからの判断でコンテクストに応じた人材抜擢《ばってき》と挿《す》げ替えを行い、人材のイニシアティブを触発したのである。

もちろん、チャーチルも過ちを犯す。大戦終了後も首相を務めた彼は、「大英帝国」の維持を信じて疑わなかった。しかし結果として、大戦後にはアメリカがグローバル・リーダーの座を獲得し、「グレート・ブリテン」がその栄光を取り戻すことはなかった。

つまり、彼は「平時」ではなく「戦時」のリーダーであったのだ。

民主党が考えるべきは、現在のコンテクストが「平時」か、あるいは「戦時」かということではないか。そして「戦時」にはどのようなリーダーシップが必要なのか、チャーチルという歴史的な宰相のふるまいは、それを示唆《しさ》している。またチャーチル以来の連立政権を率い、「欧州債務危機」に敢然と立ち向かうデイヴィッド・キャメロン首相のリーダーシップにも、私たちは多くを学ぶことができるだろう。

哲学が見えない原発停止要請

『戦略の本質』からもう一つの例に採りたいのは、中国共産党である。彼らもじつはイデオロギーだけの集団ではない。マルキシズムと資本主義をプラグマティックに融合させた鄧小平はもちろん、若き日の毛沢東もたいへんな現実主義者であった。

彼は国民党とのあいだで行った反包囲戦において、小作農民の解放などを目的とする根拠地の創造のため、まず情報部隊を派遣した。そこにどういう地主がいて、どのような資源がいかに分布しているか、それを徹底的に調べ上げたのである。

中国共産党にはそのような伝統がいまにいたるまで引き継がれ、地方の首長育成などを目的とする最高学府、中央党校の教育システムはマルキシズムなど徹底した形而上学を教える一方、もう一つの柱として「実事求是《じつじきゅうぜ》」を掲げる。つまり、フィールドリサーチという人類学の方法論を、徹底的に叩き込むのだ。

翻《ひるがえ》っていまの日本には、そのような修羅場を経験し、実践知をもった政治家がどれだけいるだろうか。冒頭にも述べたとおり、実践知のない人間は傍観者になる。過去の出来事を解釈する職業である法律家が主力では、予想もしなかった事態には対処できない。従来の枠組みにとらわれずに新たな発想を導く、いわば「跳ぶ」能力が求められるのだ。

『文藝春秋』二〇一一年六月号にて、自民党の石破茂氏が、菅首相をこのように評していた。
「前原（誠司）前外相にしろ、野田（佳彦）財務大臣にしろ、原口（一博）前総務大臣にしろ、玄葉（光一郎）政調会長にしろ、自民党内には彼らのことを『敵ながら天晴れだ』と言う人が必ずいます。しかし、菅総理にはそのような人が、私が知る限り一人もいない。それは『私は国民のために、これをやりたいんだ』という確たるものが見えないからでしょう」

もちろんそこには、人柄の問題も関係しているのであろう。しかし人間力の源泉をたどっていくとき、それは最終的に「判断能力」の有無にまでたどり着く。意思決定はたんなる情報処理の結果であってコンピュータでも可能だが、リーダーの判断には事象の背後にある関係性や文脈を広く、深く読み込むことが求められるからだ。

そのためには教養はもちろん、修羅場をくぐった経験知が必要になる。だから優れた判断力を見せ、実践的にもガッツを示す人間は「敵ながら天晴れ」となる。

それにしても、一国の首相にこのような点がほとんど見られない、という指摘が出るのはどうしてだろうか。

そのジャッジメントの一つが、五月六日に突如打ち出された浜岡原子力発電所の停止要請だ。「三十年以内にマグニチュード8クラスの地震がくる確率が八七パーセント」という会見内容はともかく、ジャッジメントの背景にどのようなリスク判断とエネルギー政策とのバランス感覚があったのか、その哲学が見えない。

日本経団連の米倉弘昌会長が「思考の過程がまったくのブラックボックス」と述べたとおりである。

リスク面だけを考えれば、たしかに太陽光発電や風力、地熱などの自然エネルギーをもっと活用していくという方向性が打ち出されるのは妥当だろう。しかし現状下、このようなエネルギーだけで電力をカバーしようという発想にはリアリズムがない。

最先端の科学技術とはそもそも、たえずリスクと表裏一体だ。たとえば飛行機の開発において、ライト兄弟は「これは一〇〇パーセント安全か」と悩んだだろうか。今日の進歩とは、そのようなリスクを克服するための努力を営々と続けてきた結果である。もし会見で首相が次のように言ったなら、世間はどう反応しただろう。

「『脱原発』は一つの方向である。自然エネルギーに関しても、私たちはたいへんなノウハウをもっている。しかし同時に最先端の科学技術をリードしていく気概も重要で、原子炉の安全技術向上など新しいイノベーションを行っていくことに対しても、一歩も譲るつもりはない。バランスよく、自然エネルギーも含めたエネルギーの多様化も行いながら、スマートシティをどんどん普及させる。新しい日本をつくりあげるのだ」

また指摘するまでもなく、原子力とは軍事技術から派生しており、それを「悪」と見なして研究しないといった態度は適切ではない。平和であるからこそ最先端の軍事技術を十分に学ぶべきであり、それを知ったうえで選択しない判断もありうる。知ることにより、長所も短所も見えてくるからだ。知ろうとしない姿勢もまた、リアリズムに欠ける。

冷静な議論を行わずに感情論を先行させれば、行き着く先は複眼的なリアリズムを喪失した日本軍の二の舞になる。「原子力は悪だから、即停止」という考え方を採った時点で、原子力エネルギーのリスクとその対策にかかわる、リアリスティックな議論が封じられてしまうのだ。

建国時の毛沢東は対立項を徹底的に議論し合いながら、スパイラルにお互いのよさを高め合っていくという「弁証法」を好んだ。イデオロギーにとらわれることなく、そのような柔軟な発想をいかに獲得していくか、今後の日本政治における課題であろう。

超法規的な「特区」が東北をよみがえらせる

『失敗の本質』『戦略の本質』などの歴史研究を通じて私が学んだのは、「乱世こそ英雄を生み出す」ということである。

たとえばチャーチルはヒトラーが台頭しなければ、ただの老政治家としてその役割を終えていた。取り組んだ政策の多くがうまくいかず、ほとんど引退間近だった彼は、決して歴史に残るカリスマにはなれなかったはずである。ヴェトナムの礎《いしずえ》を築いたホー・チ・ミンにしても、フランスが第一次インドシナ戦争を始めなければ、いまのような評価を得ることは難しかっただろう。

その意味でヒーローとは、まさに「時代が創る」ものだ。

よく「むかしの人は偉かった」と言う。これは人間の本質が劣化したというより、機会の問題ととらえるべきではないか。社会が成熟すればするほど、さまざまなルールや慣行、規範が生まれ、がんじがらめになる。それが人間の胆力や知力を劣化させる。この状態を破壊するのが「戦争」で、戦争では「命」のやりとりをする極限の状態にまで追い込まれる。ある意味、究極の「特別区」といえるもので、そのような既存社会のルールを超えたところ、つまり乱世から、新しい時代のヒーローが生まれるのだ。

自然との戦いという点では、東日本大震災もまさに「戦争」のようなものだ。そう考えれば、いまの日本が置かれた状況は、既存のルールを打ち破る絶好の機会でもある。

これを機に、人間の創造性を大いに発揮させる。部分的に構想は表に出ているようだが、東北地方を「特区」にして住民の英知を結集し、思いきったチャレンジを超法規的に行う。リアリズムと実行力をもった潜在的リーダーをその中枢《ちゅうすう》に抜擢し、国内だけでなく、世界レベルでスマートシティなどの経験者などを集めながら、彼らを支援する仕掛けを産官学民が総力を挙げ、構築するのだ。

当然、そこには官僚も参加する。震災直後に設置された復興構想会議には官僚が入っていなかったが、優秀な官僚を駆使することをもっと意識してはどうか。

ただし、どれだけ彼らが優秀でも、使いこなせなければ意味がない。結局のところ、優秀な官僚をコントロールできる哲学や胆力をもった政治家がどれだけいるか、という問題に立ち戻るのだ。政治家自身も与野党を問わず、抜擢を行って人材育成の格好の場とすべきだろう。

さらには民間の優れた人材、たとえば霞ヶ浦の再生をめざし、市民型公共事業「アサザプロジェクト」を立ち上げた飯島博氏、過疎《かそ》の町で葉っぱビジネスを創造した、株式会社いろどりの横石知二氏などのような実践知豊かな「ソーシャル・イノベーター」を組み込みながら、より有機的なエコシステムによって構築される二十一世紀の世界において、先駆的なビジョンを東北から発信する気概が必要とされているのだ。

「ワイズ・キャピタリズム」の重要性を発信せよ

そのような「すべてが有機的につながる」社会において、企業もまたその立ち位置を再考する機会をもつことになる。たんにマーケットのなかで生きるという以上に、コモングッド（共同社会の善）のなかで生きることが求められるのだ。

そこでは、新しい社会的価値を内包した商品やサービスの開発が要求される。競争戦略手法を提唱したマイケル・ポーター（ハーバード大学教授）ですら、「クリエイティング・シェアド・バリュー（CSV＝共有価値の創造）を企業目的にすべき」と言い出している。

しかしポーターに指摘されるまでもなく、これまで日本企業は社員全員がある種のイノベーターとして、コミュニティを活かした持続的なイノベーションを行い、無限に「共通善」に向かって成長するという類《たぐ》いまれなる経営体をつくりあげてきた。

『ハーバード・ビジネス・レビュー』二〇一一年五月号の巻頭に掲載された私と竹内弘高氏（ハーバード大学教授）の共同論文「ザ・ワイズ・リーダー」はまさに、この点を指摘したものだ。「日本の経営者は賢慮のリーダーである」という内容にいま、世界中から多大な反響が寄せられている。「共通善」へと邁進《まいしん》する日本企業のあり方は、二十一世紀のニューモデルとして注目されているのだ。

しかし残念なことに、このたびの震災対応で菅政権は世界的な「風評被害」を防止できず、日本ブランドを失墜《しっつい》させてしまった。さらに、彼らは雇用を創造できる持続可能な成長に重きを置いていないかのような印象を受けた。挑戦、創造、その先にある成長とは国家の存在意義そのもので、司馬遼太郎はそれを「国民的元気」と呼んだ。

はたして、その「国民的元気」を現政権は意識しているだろうか。コミュニタリアンが「内向き」になったとき、社会は閉鎖的になり、創造性を喪失する。だからいま、成長戦略も、財政戦略もない日本社会には閉塞感が漂うのである。

なればこそ、これだけグローバル・スケールで世界が胎動《たいどう》するいま、経営者は日本企業こそが二十一世紀のニューモデルとの自負をもち、閉ざされた社会主義国家ではなく、社会主義と資本主義が綜合《そうごう》された「ワイズ・キャピタリズム」の重要性を発信すべきだろう。「分配」から「成長」路線への転換が求められるいま、企業は政治に戦いを挑み、ステイツマンシップ（真の政治性）を発揮しなければならない。

グローバル化が進めば進むほど、政治と経済は分離できなくなる。かつての日本が得意とした「通産モデル」はいま、中国や韓国などアジア各国の生き方になっている。国家の積極的な支援のもと、企業が新しいマーケットを開拓しているのだ。昨今のアメリカの競争力の復活も、根底にある原理はオバマ大統領の「通産モデル」ではないか。

そのようなモデルのなかにあった「よりアクティブな関係性を構築できる」という本質を私たちはまっとうに評価しなかったが、あのころの日本は産官を中心とした新しいイノベーションの知識国家をつくる気概があった。

過去の回顧ではなく、当時のＤＮＡを継承し、そこに学民を加えて新しい次元へと昇華された二十一世紀の「ワイズ・キャピタリズム」を、この国は必ず構築できる。だからこそ、二項対立という発想に陥るのではなく、総力を挙げてこれまでに培《つちか》った「総合力」を十全に発揮しなければならないのだ。

第Ⅰ部

成功している世界企業は「アメリカ型」ではない

第1章

リーマン・ショックと大震災で何が変わったか

日本企業にはコモングッドの精神がもともと宿っている

経営はたんなる「サイエンス」ではない

野中郁次郎

二〇〇八年九月に起きた、いわゆる「リーマン・ショック」は、企業を取り巻く環境を大きく変えました。

これについて、私は当初から「経営者は目先の変動にジタバタと一喜一憂すべきではない」と申し上げてきました。「産みの苦しみ」はともないますが、これを一つのきっかけとして、未来へ向けた長期的な展望をもちながら、従来とは異なる新しい経営モデルを生み出す努力をすべきでしょう。それは、あれから三年がたった現在でも基本的には変わっていません。

リーマン・ブラザーズの破綻《はたん》と、それに続く世界的な金融危機は、これまで世界を支配してきたアメリカ型経営モデルの限界を露呈《ろてい》させました。ひとことで言うと、それは「経営はサイエンスである」という考え方に基づいた経営手法です。

そこでは、企業経営も物理学と同じく、すべての要素を定量化、対象化して論理的もしくは実証的に分析すれば最善の解を得ることができる、と考えます。日本でも多くの経営者が、このアメリカ発の手法を採り入れるようになりました。

しかし、経営は生身の人間がかかわる現象です。たんなる物理現象とは違い、同じ要素を同じ条件でそろえれば必ず同じことが起きるわけではありません。

むしろ、すべて同じようにやっても二度と同じことが起きないのが、経営というものです。そこには「私たちはどのように生きたいのか」という意志が介在するため、1＋1がいつも2になるとはかぎらない。無限の解がありうるのです。

サイエンスとしての経営は、そういった人間の意志を排除し、すべてを「モノ」として扱う価値中立的な考え方でした。現実の経営は「モノ」ではなく、人間どうしの相互作用によってつねに動きつづける「コト」ですから、机上の計算どおりにはなりません。本来は、その相互作用を見極めながら最適な判断を下すのが経営者の役割なのです。

これは「サイエンス」というより、むしろ「アート」の領域に属するものでしょう。もちろん論理的、実証的な合理性が求められる場面もありますが、それだけではない。企業経営には、サイエンスとアートを融合させるような考え方が求められるのです。

言うまでもないことですが、意志をもたない「モノ」に対して、人間には「かくありたい」という意志があります。企業ならば、たんに売上や利益などの客観的な数字を追いかける以前に、「自分たちの会社はどうありたいのか」「どんな〈善〉をめざす会社なのか」といった主観的なテーマがあってしかるべきでしょう。

サイエンスを標榜《ひょうぼう》したアメリカ型の経営が限界に突き当たった以上、今後の企業は自分たちにとっての「善」が何であるのかを再確認することで、新しい経営モデルを生み出すべきです。

「共同体の善」を重んじた日本黎明期の創業者たち

そこで企業経営者に必要なのが、序章でもふれた「フロネシス」という実践知（賢慮）にほかなりません。「善」の実現をめざしてアリストテレスが提唱した実践哲学です。

かつて、アメリカのロバート・B・ライシュ（クリントン政権で労働長官を務めた経済学者）は、市場主義への批判を展開した『暴走する資本主義』（雨宮寛、今井章子訳／東洋経済新報社）のなかで、人間には二面性があることを指摘しました。一つは資本主義に基づく投資家・消費者としての側面、もう一つは民主主義における市民としての側面です。

この二つが、ときに矛盾する立場であることは言うまでもないでしょう。前者は「自己の利益」を追求するのに対して、後者は「共同体の善」を追求する立場だからです。

近年のアメリカ企業は、その両面のバランスをとるのに苦慮している、とライシュは指摘しました。彼は企業の「ＣＳＲ」（社会的責任）にも懐疑的で、いまの企業経営者には「ステイツマンシップ」が期待できないと考えています。つまり、理想を追求する志とそれを実行する手腕を兼ね備えた経営者がいない。

したがって、資本主義の暴走によって「自己の利益」の追求に偏ってしまった現状を変えるには、「共同体の善」を求める市民のバランス感覚をいち早く復活させなければならない——これがライシュの結論です。

ただし、これはアメリカ企業に関する話であって、日本企業の場合はやや事情が異なるといえるでしょう。というのも、もともと日本人の職業倫理には、ある種の「コモングッド」を求める意識が埋め込まれているからです。

したがって企業にも、あえてCSRという言葉を掲げるまでもなく、会社は社会的存在であり、パブリックな善を追求する責務を負っているとの自覚がある。日本企業は最初から、ただたんに自己利益を追い求めるだけでなく、コモングッドの実現に向けて努力する側面ももちあわせていたのです。公に奉仕するサムライに「武士道」があるのと同様、職業人にも「職人道」「商人道」といった言葉が存在することが、それを物語っているのではないでしょうか。

郵便はがき

料金受取人払郵便

麹町支店承認

7578

差出有効期間
平成25年3月
31日まで
切手はいりません

102 8790

119

東京都千代田区一番町21番地

PHP研究所 新書出版部

PHP新書係 行

◆性 別 1. 男 2. 女	◆年 齢 歳	
◆おところ（都道府県のみで結構です）	都・道・府・県	
◆ご職業	1. 会社員 2. 公務員 3. 自営業 4. 農林漁業 5. 教員 6. 学生 7. 主婦 8. その他（ ）	

このたびはＰＨＰ新書をお買い上げいただき、ありがとうございました。
今後の編集の参考にするため下記設問にお答えいただければ幸いです。

お買い上げいただいた本の題名

◇この本を何でお知りになりましたか。
1.新聞広告で（新聞名　　　　　　　）　2.雑誌広告で（雑誌名　　　　　　　　）
3.書店で実物を見て　4.弊社のホームページで　5.人にすすめられて
6.新聞・雑誌の紹介記事で（新聞・雑誌名　　　　　　　　）
7.弊社からの新刊案内で　8.その他（　　　　　　　　）

◇書店で本書の購入を決めた理由は何でしたか（複数回答可）。
1.書名にひかれたから　2.内容に興味を持ったから　3.執筆者が好きだから
4.前書き（後書き）を読んで面白かったから　5.目次を見て興味を持ったから
6.このジャンルに興味があるから　7.オビにひかれたから
8.その他（　　　　　　　　）

◇よくお読みになる新書シリーズをお教えください（３つまで）。
1.岩波新書　2.中公新書　3.講談社現代新書　4.ちくま新書　5.ＰＨＰ新書
6.文春新書　7.集英社新書　8.光文社新書　9.新潮新書　10.朝日新書
11.幻冬舎新書　12.その他（　　　　　　　　）

◇最近お読みになった新書（PHP新書、他社新書共に）の題名をお教えください。

◇本書の読後感をお聞かせください。
1.面白い・普通・つまらない　2.わかりやすい・普通・難しい

◇定期購読新聞・雑誌名をお聞かせください。
（新聞　　　　　　　）（雑誌　　　　　　　）

◇本書についてのご意見・ご感想、これから読みたいテーマをお聞かせください。

※あなたのご意見・ご感想を本書の新聞・雑誌広告・弊社のホームページ等で
1.掲載してもよい　2.掲載しては困る

実際、日本にはむかしから「フロネシス」に基づく経営が見られました。

たとえば、日本を代表する企業の一つである松下電器産業（現・パナソニック）を創業した松下幸之助さんの「水道哲学」は、まさにその典型です。電気製品を、まるで水道水のごとく安価で大量に供給することを、自分たちと社会との「共通善」だと考えたわけです。

また、資生堂の初代社長だった福原信三さんも、「市民の美の追求」という社会との共通善に熱心に取り組んだ人物でした。社内に受け継がれていたその精神を経営に反映させたのが、福原義春名誉会長です。

さらに、創業から一貫して「善の巡環《じゅんかん》」という精神を掲げるＹＫＫも、コモングッドを求める日本企業の特質をよく表しているといえるでしょう。「善の巡環」とは、「他人の利益を図らずしてみずからの繁栄はない」という考え方に基づく精神です。

このように、日本では多くのエクセレント・カンパニーが、共通善に取り組む姿勢をもちつづけていたのです。資本主義的な自己利益の追求だけに走らず、ライシュが指摘した二面性のバランスをとりながら発展してきたのが日本企業の真髄だといえます。

その意味で、リーマン・ショック後の環境変化は、日本企業にとっての好機ととらえることが可能だと私は思います。

アメリカ型のサイエンス経営から脱却し、フロネシスに基づく新しい経営モデルを発信できるのは、欧米よりもむしろ日本なのではないでしょうか。

いまこそ「エコノミック・アニマル」に立ち戻れ

追い込まれたことがプラスになる

遠藤 功

リーマン・ショックが金融依存の危うさを露呈させたことで、日本では一時期「モノづくりへの回帰」が論じられました。しかし主要メディアの論調を見ると、製造業をはじめとする日本企業の多くは自信を失っているように感じられます。

その背景には、いくつかの要因があるでしょう。

たとえば、かつて「モノづくり不毛の地」と呼ばれたアメリカからはｉＰｈｏｎｅやｉＰａｄがやってきました。「なぜ日本でこれがつくれなかったのか」という声をよく耳にします。また、サムスンやヒュンダイなど韓国企業の躍進も著《いちじる》しい。さらにはトヨタのリコール問題も起こり、お家芸だったはずの「品質」の部分にまで疑問符がついてしまいました。

とはいえ私には、日本のモノづくりがそれほどダメになっているわけではない、という確信めいた感覚があります。

たしかに、多くの人々の目にふれやすい家電製品などは韓国や中国メーカーに勢いがありますが、そうした完成品を支える素材や部品のジャンルにおいては、日本企業が世界市場で着実に根を張っている。ｉＰａｄも、本体を開けて中身を見れば、日本製の部品ばかりです。

そういった実態と世間的なイメージが乖離《かいり》している面はありますが、日本企業が見えないところでしっかりと着実に手を打っていることは間違いありません。

今後、確実に伸びるであろう電気自動車やハイブリッド車などに使われるリチウムイオン電池のおもな素材は、日本メーカーが押さえています。この製品の主要四材料と言われる正極材、負極材、電解液、セパレータはそれぞれ日亜化学、日立化成、宇部興産、旭化成が世界シェアトップに立っています。さらに、正極材に使われる接着剤では、クレハが世界シェアの約七割を握っています。

産業の裾野《すその》の広さと深さが、まさに日本の競争力です。独自技術を磨く個性的な企業がこれほどある国は、世界広しといえども、日本とドイツくらいしか見当たりません。

事実、震災前までの日本企業の決算を見ると、総じて業績は上昇基調にありました。需給調整のギャップが解消しはじめ、やや及び腰ではあるものの、豊富なキャッシュを活かして設備投資やM＆A（企業の合併・買収）にも前向きになりつつあったのです。

もちろん、これはマクロ的な景気の改善による部分も大きいでしょう。必ずしも、日本企業の競争力が十分に復権したとはいえません。しかし、リーマン・ショックで覚醒した結果、ようやく新たな戦略の方向性を打ち出して、業績を回復させつつあった日本企業も少なくなかったのです。

そんなタイミングで発生し、日本企業に大きなダメージを与えたのが、東日本大震災でした。東北六県の生産はGDP（国内総生産）の六パーセント程度ですが、基幹産業の多くがそこに工場などを置いています。たとえば電子部品は、東北だけで国内生産の一〇パーセントを超えている。その生産が止まった結果、世界中で多くの製造業が生産停止を余儀なくされました。これは、いかに日本企業が付加価値の高い部品を担っていたかを証明したともいえるでしょう。

いずれにしろ、震災の影響による生産活動の低迷は長引くことが予想されます。この夏に東京電力、東北電力管内で「電力使用制限令」が発動されたことからもわかるとおり、産業への影響は工場の被災だけではありません。原発の問題が収束しないかぎり、電力の供給不足は長期化する可能性が高い。当面は各企業の業績が下がることも覚悟しなければなりません。

しかし、リーマン・ショック後に野中先生が「ジタバタしてはいけない」とおっしゃったのと同様、日本企業はこの事態にうろたえてはいけないと思います。そもそも日本企業は、これまでもさまざまな「制約」や「逆境」をバネにして発展してきました。狭い国土、限られた天然資源、多発する自然災害などを民の知恵で粘り強く乗り越え、日本独自の強さを磨き上げてきたのです。

日本企業は、バブル崩壊以降の「失われた二十年」のなかで「緩慢《かんまん》な衰退」を続けていました。たとえ震災がなくとも、すでにそれを続けることは許されない状態に陥っていたのです。問題の先送りをやめて「緩慢な衰退」に終止符を打つためには、「沈むか這《は》い上がるかのどちらかしかない」と開きなおることも必要でしょう。

その意味で、ここまで追い込まれたのは決して悪いことではありません。それに、震災を再起のきっかけにしなければ、被災者や犠牲者の方々に申し訳が立ちません。大震災による覚醒を、日本復興の序曲へとつなげていかなければなりません。

あらためてふりかえってみると、「失われた二十年」とは日本企業が自我を失っていた二十年でした。グローバリゼーションの激流に翻弄《ほんろう》されて欧米的な価値観を盲目的に導入した結果、日本的な価値観が消失し、去勢《きょせい》され、根無し草になってしまったのです。

しかし野中先生のご指摘どおり、日本企業にはむかしから欧米とは異なる職業倫理や経営哲学がありました。日本独自のアイデンティティを回復させ、「私たちはいったい何者なのか」を再認識することが、未来の創造へとつながるのだと私も思います。

「超短期」と「長期」の二つのビジョン

もちろん、うろたえてはいけないとはいえ、震災でこれだけの被害が生じたのですから、目の前の事態に対処しなければならないのは言うまでもありません。でも、そこだけにとらわれていてもいけない。

これは終戦直後も同じだったと思いますが、「超短期」と「長期」の両方を視野に入れた計画を立てることが重要です。いまここにある危機を乗りきる努力をしつつ、将来のビジョンを考え、打ち出すことが求められています。

これまで日本企業は三〜五年の中期計画は立てるものの、十年先を見据えた長期ビジョンをもとうとはしませんでした。環境が激変するなかで「長期」は意味がない、立てられないと考えたのですが、これが間違っていた。環境とは関係なく、みずからの思いや志がないのでは、環境に流され、翻弄されるだけです。「長期」のビジョンなしに「中期」の計画はありえません。経営者は、いまこそこの長期ビジョンを明確に打ち出す必要があります。

ビジョンとは「旗」を掲げることです。自社が何をめざすのか、自分たちの夢は何かを打ち出し、「旗」を立てることによって、組織は奮い立ちます。「旗」の下に人々は結集し、大きな力を発揮するのです。

一方、超短期の課題に関しては、基本的に現場を信じ、まかせることが肝要です。実際、今回の震災では、日本企業のもつ「現場力」が並外れて強靱《きょうじん》であることが証明されました。復旧作業は、自衛隊、消防、警察といった「官」だけの手で進んでいるわけではありません。民間企業の人々も、官に匹敵する使命感と誇りをもって、この難局を乗り越えるべく懸命の努力を続けています。

たとえばヤマト運輸や佐川急便は、震災からわずか二週間で、一部の被災地を除いて宅配の全国ネットワークを復旧させました。まさに「共通善」を求める価値観のなせる業《わざ》でしょう。

そういった努力のおかげで、被災から二週間後には陸・海・空の幹線物流網のおよそ九割が復旧しました。津波で甚大な被害を受けた港湾も、三月二十四日までに一五港すべてが開港したのです。私はそれを見て、日本が「民の国」であり、「現場の国」であることをあらためて痛感させられました。

しかし、現場力だけでやれるのは「復旧」までです。震災前に戻しただけでは、「緩慢な衰退」に歯止めはかかりません。がんばっている現場に勇気や希望を与えるためにも、経営トップが自分たちのめざす未来の絵姿を明確に打ち出すべきでしょう。

ただし、その基本的な方向性は、震災があったからといって大きく変える必要はないと思います。

震災前から、日本企業にとっての成長のチャンスが新興国をはじめとする海外にあることは明確になっており、多くの日本企業は海外に着実に打って出ようとしていました。震災による一時的な停滞を考えれば、目標を達成するまでの時間軸の見なおしは必要になるでしょうが、「グローバルな舞台で存在感を示す」という軸がブレるようなことがあってはならないと思います。

グローバルを柱に据える戦略は、自動車や電機・電子といった一部の業種にかぎりません。内需依存型と言われていた生活関連企業も、海外事業を急速に拡大させています。資生堂は五年前に二九パーセントだった海外売上高比率を四三パーセント（二〇一一年三月期）に高めています。ユニ・チャームも同様に、二七パーセントから四二パーセントへと増大させています。両社は三年後に海外が国内を逆転する計画を打ち出しています。

乳酸菌飲料大手のヤクルト本社は、二〇二〇年度までの長期経営計画のなかで、海外の一日当たりの販売本数（二六〇〇万本）を国内（一〇五〇万本）の二・六倍にする目標を掲げました。ヤクルト独自の「ヤクルトレディ」と呼ばれる販売員による宅配システムも輸出し、新興国を中心に据えた成長を打ち出しています。

震災前と変わらぬ戦略の連続性を保つには、経営トップの力強いメッセージが欠かせません。現場が想定外の復旧作業に追われていても、「私たちがめざすべきものは不変である」という覚悟を明確に表明する。いまそれをやらなければ、震災で混乱した現場は自分たちの進むべき方向を見失ってしまいます。

資生堂の末川久幸社長は、日本経済新聞の取材で「足元の利益を落としても積極投資する」と語っています。経営トップがいま一度「旗」を掲げ、不退転の決意を表明することが大切なのです。

もちろん、震災の前後で何も変わらなくていいというわけでもありません。戦略の連続性は維持しながらも、仕事に対する意識は不連続的に変わらなければいけないでしょう。これだけの国難に遭遇しているのですから、「共通善」を追求する日本企業ならば、自社の利益だけでなく、社会全体の復興のために強い意欲をもって当然です。これは震災前にはむろん強く意識されていた要素ではありませんが、日本という国、社会を明確に意識することは、日本企業の復権に向けて決してマイナスではありません。

では、そのために企業は何をすればよいのか。

答えはシンプルです。復興には、お金がかかる。そのお金はどこから出てくるのかといえば、日本企業が稼ぐしかありません。企業が早期に成長軌道に戻り、大きな収益を上げることなしに、日本の復活も再生もありえないのです。

日本の財政赤字は先進国最悪です。国と地方の借金残高は八九一兆円、対GDP比率は一八四パーセントにも達している。そこに震災の復興財源が加わります。その規模は十年間で二三兆円。

私たちはいま、あらためて、額に汗してお金を稼ぐことの意義と必要性を見つめなおさなくてはなりません。

かつての高度経済成長期に、日本は諸外国から「エコノミック・アニマル」と揶揄《やゆ》されました。でも、いまはお金を稼ぐことに後ろめたさを感じている場合ではありません。「稼ぐ」ことこそが、企業にできる最大の「共通善」とさえいえるのです。お金を稼ぎ、雇用を生み出し、しっかりと納税し、それぞれの地域を復活させる——これができるのは各企業にほかならないのですから。

震災で傷ついた国の復興のためにも、企業自身が「緩慢な衰退」から脱却するためにも、私たちはもう一度「エコノミック・アニマル」に戻らなければいけない。いささか語弊がある言い方かもしれませんが、私は本気でそう思っています。

第2章

横文字思考の〝毒〟

コンプライアンスや数字から知恵や勇気は生まれない

スティーブ・ジョブズの成功も「連続の非連続」

野中郁次郎

日本企業は、この震災が起こる以前から、大きく二つの問題を抱えていました。

一つは、グローバル化が進んでいくなかで、「モノづくり」だけでは生き残れなくなってきたことです。デジタル化やモジュール化が進展したことに加え、中国、韓国、台湾などのアジア系企業が成長したことで、日本はモノづくりの力だけで競争優位性を保つことが難しくなりました。

もちろん、モノづくり自体が不要になったわけではありません。しかしいまは、たんなる「モノ」ではなく、モノを媒介とした「コト」を生み出すことで、新しい価値を提供することが大事なのです。

たとえばアップル社のｉＰａｄは、液晶、ＣＰＵ、ソフトウェアといったモノの集合体としてヒットしたといえますが、それを仕事や遊びで使うことで人とつながり、新しい関係性が生まれるからこそ、徹夜で並んででもいち早く手に入れたくなるのです。

つまり「モノ」を組み込んだ「コトづくり」「関係の構造を築く」といった点で、日本企業はほかのグローバル企業に遅れをとっているように見えます。

もう一つの問題は、技術や市場の変化がこれまで以上にスピードを増し、調達、生産、競争がますますグローバル化したことです。もはや、日本の国内市場だけを見てイノベーションを起こし、それを他国にも応用するという手法では、スピードの点でもスケールの点でもグローバルな競争に勝つことはできません。

このような問題を抱えていることもあって、外国では日本の経営や企業に対して厳しい見方をする人々もいます。

たとえばマサチューセッツ工科大学のレスター・サロー名誉教授は、二〇一〇年八月に日本経済新聞紙上で、日本にはイノベーションがなく、このままでは日本経済は「失われた三十年」になる可能性もある、と断じました。いまの日本企業からは、iPadのように人をワクワクさせ楽しませる商品が出てこない。アップルやウォルト・ディズニーのような企業を生み出すアメリカ文化のほうが、経済成長に適している――これが彼の見立てです。

しかし私は、それが文化の問題だとは思いません。サロー教授は、これまで日本企業が「ものまね」によって成長してきたことを示唆していますが、たとえばソニーやホンダは、まさに人をワクワクさせる製品を生み出すことで成長しました。現在でも、そういう商品やサービスを創出する日本企業は少なからず存在します。

そして、それらの企業はアメリカ型の方法論を踏襲しているわけではありません。ここで言う「アメリカ型」とは、前に申し上げた「サイエンス」としての経営モデルのことです。

いま元気のある企業を見ると、意識的にせよ無意識的にせよ、持続的なイノベーションを執拗《しつよう》に追いかけて、知の創造を日々の実践のなかで徹底的に錬磨《れんま》しているところがあると思います。これは、物理学のように論理だけで考える手法とは対極にあるものだといえるでしょう。現状の分析によって正解を導き出すのではなく、匠《たくみ》のように日々の平凡な仕事を徹底的に追い求めながら、そこから得た新しい気づきを非連続的に延ばしていくのです。

いわば「連続の非連続」を行っているわけで、この場合、組織内にいる一人の傑出したイノベーターが新しい価値を生み出すのではありません。イノベーションが組織そのもののなかに組み込まれているのです。

決して華やかなやり方ではありませんが、『ビジョナリー・カンパニー』（日経BP社）を著《あらわ》した経営学者ジェームズ・コリンズが言うとおり、そうやって水車を一所懸命に押しているうちに、やがて加速がついてくる。そのような行動重視の会社が、日本はもちろん、結局はアメリカにおいても生き残っていくのではないかと思います。

もっとも、コリンズのような議論は派手さに欠けるため、アメリカではあまり評価されていません。主観や価値をいっさい排除し、過去の事例に基づいてそれを教訓化していくアプローチが、ノーベル経済学賞を受賞したハーバート・サイモン以来、アメリカの情報処理モデルです。

しかし、たとえばアップル社のスティーブ・ジョブズにしても、イノベーションのあるべき姿を「科学的」に割り出したわけではありません。一見すると、なんの役にも立たないカリグラフィーに凝《こ》っていたところ、それが突然、マッキントッシュのフォントにつながった。動きながら考えているうちに、さまざまな関係性が見えてきて、その気づきが「非連続」のイノベーションにつながったのでしょう。

「過去」のデータを分析しても「未来」は切り開かれない

これまで多くの日本企業が、合理性、論理性、効率性を重視するアメリカ型のマネジメントを採り入れてきました。その結果、ロイヤー（法律家）やアカウンタント（会計士）が企業内で大きな発言力を得ていますが、私はときどき、彼らが何か付加価値を生み出しているのだろうか、と疑問に思うことがあります。膨大な報酬を受け取りながら、彼らはじつのところ、人々の知恵を逓減《ていげん》させているだけなのではないか、と。

たとえばロイヤーの強い会社では、オーバー・コンプライアンス（過剰な法令遵守）によって自分で自分を縛り、身動きがとれなくなっているケースが目立ちます。

かつて、私が会社に所属していた時代は、仕事が勢いに乗って「残業したいからした」わけですが、いまはそれが許されない。いくら法令遵守が大事とはいえ、それを一律に禁じたのでは、せっかく加速がつきそうだった水車を止めてしまうことにもなるわけです。

現場が「動きながら考える」ことを否定するサイエンス的な経営は、いわば「脳」と「身体」を分離してしまいました。これは、本来的にいえば、きわめて不自然な発想です。人間は、脳による思考だけですべてをコントロールするわけではないのですから。

「ミラーニューロン」という神経細胞が発見されました。「鏡のように相手の行動を自分に映す神経細胞」のことで、この細胞があることによって、私たちは言語を媒介にしなくても、相手と同じ身体行動をとることによって、相手の意図や気持ちを読み取ることができます。

これは、現場でいっしょに身体を動かすことで暗黙知が伝承されていく徒弟制の世界を考えれば、ただちに納得できる話でしょう。それだけではありません。たとえば営業マンが顧客といっしょに汗をかいて仕事をしているときも、まさにこのような細胞が働いているわけで、頭だけではなく、身体が語っている。

そこから得られる知識は、「サイエンス」からは生じません。人間には、身体を動かしてこそ見えてくる物事があるのです。

オーバー・コンプライアンスや数字の一人歩きに足をとられた企業は、このような身体性から生まれる主観的な判断力をもてません。主観を排除するサイエンスの方法論は客観的なデータを重視しますが、データはつねに「過去」のものです。イノベーションにほんとうに必要なのは、いきいきした現実から「未来」を洞察する知恵ではないでしょうか。

現場に行って脳と身体の両方で何かを直観し、イマジネーションで起承転結を考える――これを実践することなく、科学的に分析したとたん、細部のプロセスはすべて抹消されて、その意味が希薄になってしまうのです。

また、価値あるイノベーションを実現しようと思えば、最後の段階で「連続から非連続」へと飛躍する勇気が大事になると思いますが、この勇気も客観データからは決して生まれません。

いま多くの日本企業は、勇気を出してリスクをとる能力が弱まっているように思います。それも、アメリカ的な経営モデルによる弊害なのではないでしょうか。現場が感じた暗黙知を信じることができれば、飛躍する勇気はもてるはずなのです。

情緒的な国でどこが悪い

メールやセクハラ・パワハラが関係性を破壊した

遠藤 功

たしかに、日本企業は過去二十年ほど、アメリカ的なマネジメント手法に傾斜していたきらいがあります。「情緒よりも論理」「戦術よりも戦略」「部分最適よりも全体最適」といった考え方が支配的になっていました。

しかし、そのような思考によって、逆に日本の暗黙知や現場力が軽視され、日本的なよさが見失われてしまった部分があると思います。もちろん、私は論理や戦略、全体最適を否定しているわけではありません。けれども、理詰めを超えたところにこそ日本の真骨頂があることを、私たちは忘れてはいけないのです。

トヨタ出身で日野自動車の社長・会長を務められた近藤詔治相談役は、冗談めかして「日本の製造業が行きづまっているのはアメリカの陰謀だ」とおっしゃっていました。経営と執行の分離、短期的成果主義、メール偏重のコミュニケーション、セクハラ・パワハラ。この四つを導入したことが、いずれも日本企業の競争力を劣化させる方向に働いてしまった、とおっしゃるのです。野中先生がご指摘されたオーバー・コンプライアンスの問題も、その一つでしょう。

もともと、日本はきわめて情緒的な国です。グローバル化の流れのなかで、これまでは、そこが「日本企業のダメなところ」だと思われてきました。欧米人に理解されにくい日本流のやり方を続けていたのでは、世界との競争には勝てないと信じられていたわけです。

しかしじつは、それこそが日本企業の特徴であり、強みでもありました。ところが現在は、欧米流の合理性や論理性、効率性一辺倒の考え方や手法にこだわりすぎた結果、あまりにも人と人との関係性がギスギスしてしまい、短期志向に流れ、日本らしい情緒性が危機に瀕《ひん》している。だから私は最近、「情緒的な国でどこが悪い」と思うのです。

東日本大震災は、そんな情緒性も含めて、日本独自の価値観や行動様式がきわめて優れたものであることを再認識させるきっかけになりました。

被災地や原発の事故現場で働く人々の使命感や責任感の強さを目の当たりにするにつけ、やはり日本人の底力を感じずにはいられません。苦境をじっと我慢する強靱な忍耐力、互助の精神、規律と協調。それらが諸外国からの称賛を受けていますが、これはたんに尊敬に値するだけでなく、日本という国の競争力の原点なのだと思います。

コマツの野路國夫社長は震災直後、社員に向けたメッセージのなかで「災害の復旧や復興支援は売上や利益に優先します」と明言しました。おそらく、欧米企業の経営者にはありえない発言でしょう。

しかし日本人にとって、これはごく自然な考え方です。「CSR」などという借り物の言葉を使うようになる以前から、企業は社会の公器であり、地域や国や世界全体に貢献する存在だということを、日本人は熟知している。横文字の概念を導入しなくても、日本企業がもつべき理念はむかしから日本に存在していたのです。

経験もないのに仮説なんか考えても意味がない

震災直後に仙台で働く教え子から、こんな報告を受けました。バイタルネットという、東北地方を中心に医薬品卸を営む地元企業に彼は勤めています。仙台の南方に隣接する名取市にその会社の物流センターがあり、彼は応援のためにそこに向かいました。津波による冠水は免れていたものの、パート社員のほとんどが出勤できない状況のため、本社の社員が総出でなんとか薬を病院に届けようと業務に当たっていました。それも、副社長をはじめとする役員たちが、率先してハンディ端末を片手に出庫作業に汗を流している。

「ふだん交流の乏しい管理部門と物流部門の社員が一体となって作業をする姿に、会社が一丸となってこれから立てなおしていこうという決意を感じました」

その学生は私にそうメールで伝えてきました。

これも、じつに日本的な風景だといえるでしょう。いくら非常事態であっても、欧米企業の副社長がみずから現場でハンディ端末を手にして出庫作業を行う姿は、想像ができません。しかし日本の場合、「経営」と「現場」を分け隔てる意識が欧米ほど強くないので、このように自然なかたちで団結することができるのです。経営と執行を分離することがほんとうに日本企業にとってよいことなのか、あらためて考えさせられる事例といえます。

こうした日本独特の価値観を大事にしていけば、震災という荒波は必ず乗り越えられると私は確信しています。もちろん、たんなる復旧や復興にとどまることなく、その先には新しい未来の創造と、それによる成長が待っているにちがいありません。

これからは、必要以上に自信を失い、むやみに欧米的なやり方を導入してきた過去の二十年と決別し、日本らしい思想や方法論に回帰すべきでしょう。この震災は、その意義の大きさに気づかせてくれたのです。

幸いなことに、「失われた二十年」を経てもなお、日本人には「らしさ」が残っていました。精神のDNAに刻まれた日本的な「型」は、そう簡単には消えないようです。

けれども、もしこの震災がなかったら、生まれたときから「欧米流が当たり前」だっ

バイタルネットの物流センターでは、役員や本社のスタッフも復旧作業に当たった

た若い世代には、それが伝わらなかったかもしれません。

たとえば若い世代のコンサルタントと話をしていても、欧米の学者やコンサルタントが書いた「論理思考」や「仮説思考」に関する本ばかりを山ほど読んで、頭でっかちになっている人がじつに多い。とにかく、まずは仮説を立てることが大事だと考えている。なんの仮説ももたずに現場に行くことはムダだと考えている人も少なくありません。

しかし、現場での経験に基づくリアリズムもないのに、机の上で無理やり仮説を練ったところで、意味のある仮説にはつながりません。まずは現場に行き、そこで話を聞くなり身体を動かすなりして、なんらかの刺激を受けてみる。そこから思考回路がまわりはじめて、ようやくまっとうな仮説が生まれるものなのです。

私は以前から、若い人たちには「経験もないのに仮説なんか考えても意味がない。まずは現場へ行って、何かを感じてきなさい」と教えていました。日本には「三現主義」という独自の考え方があります。会社によってその内容は多少異なりますが、「現場・現物・現実」というリアリズムこそ、日本企業が大切にしてきた価値観であり、行動様式なのです。

その意味でも、先ほど紹介したような被災地での体験は、若い人たちにとって、じつに大きな教育効果があると思います。そこで日本本来の価値観や行動様式がもつ意味に気づいた若い人たちは、日本人であることの誇りと独自性を再認識するはずです。

日本企業の将来を担う世代が日本ならではの「型」に目覚め、「自分たちでなんとかしよう」という意識を強めていることを、私はたいへん頼もしく感じています。

第3章

傷ついた日本の「暗黙知」と「現場力」

イノベーションは平凡な日常からしか生まれない

発想の基本は現場・現物・現実からの帰納法

野中郁次郎

遠藤さんがおっしゃるとおり、仮説とは、身体的経験から生まれるものです。

それについては、先日もスイスで行われた学会で欧米の学者と議論になりました。向こうは聖書よろしく「In the beginning was the Word.」(はじめに言葉ありき)と考えるのに対して、私のほうは「In the beginning was the Experience.」(はじめに経験ありき)という立場。この議論は、なかなか決着がつかないのですが、やはり、経験なしに突如として仮説が出てくるとは思えません。

それに、論理的な分析から仮説を立てる人は、それが現実と合致しなかったとき、現実のほうを否定しがちです。

たとえばコンピテンシー・モデル（高業績者の行動特性）による人材評価にも、そんなところがある。サンプリングによって優秀な人材の最大公約数的な共通点を抽出《ちゅうしゅつ》すると、まるでスーパーマンのごとき人間像が描き出されます。それと比較して「不完全な人材しかいない現実は間違っている」などと言っても意味がありません。人間はみんな不完全であり、その現実を変えることはできないのですから、そこからスタートすべきでしょう。

最近はアメリカでも、マイケル・ポーターのファイブフォース分析（五つの競争要因から業界構造を分析するフレームワーク）やバリュー・チェーン（価値連鎖）といった「科学的」な競争戦略からはイノベーションは生まれないと考える人が出てきました。コンピテンシー・モデルを放棄する学者や経営者も増えています。

持続的なイノベーション理論というと、よく経済学者ヨーゼフ・シュンペーターの名前が挙げられますが、その理論は基本的に「イノベーションとはさまざまなものの組み合わせである」と言っているだけの話にすぎません。少なくとも経営という観点から見た場合、それ以上の深い洞察を見出すことはできないでしょう。イノベーションは、理論に基づく論理分析で「正解」を導き出す演繹《えんえき》的な手法からは起こすことはできないのです。

たとえばGM（ゼネラル・モーターズ）という企業は、「はじめに理論ありき」といった演繹的な命題を出し、現実をこれに合わせようとしました。しかし経験のないところから命題が出ていますから、現実がそれについていかない。するとGMは「現実のほうが間違っている」と考えてしまい、さらなる迷走に陥ってしまったわけです。

イノベーションは、必ず何かの連続の上に起こるものです。モノづくりにかかわることですから、突如として大きな変化が生まれることはない。昨日までの現場の持続的な努力があってこそ、今日の小さな変化があるのです。「神は細部に宿る」と言いますが、その細部における変化を積み上げていくことが重要でしょう。

それを一挙に演繹的に解決するのは、ほぼ不可能と言ってかまいません。あくまでも個別の具体的な現実から出発し、間違いを恐れずに新しい理論を打ち立てようとする帰納法的飛躍から始まります。帰納法的な個別具体の積み上げのなかから普遍を紡《つむ》いでいくことによって、そこからより大きな関係性が見えてくる。

これは「凡事の非凡化」とでも呼ぶべき連続的な努力なのです。

アップル社のスティーブ・ジョブズやマイクロソフト社のビル・ゲイツ、IBMで組織的イノベーションを行ったルイス・ガースナーなども、発想の基本は現場・現物・現実からの帰納法にほかなりません。

そして日本のモノづくり企業もまた、その努力を営々と積み上げてきました。そのプロセスにおける新しい発見や変化を小さな改善にとどめず、大きな飛躍に結びつけてイノベーションを起こす地力をもっているはずなのです。

「創造とは一回性のなかに普遍を見ることだ」

もちろん、ただたんに現実を漫然と眺めているだけでは、目の前の事象にとらわれるだけで終わってしまい、現実からの飛躍を可能にするような未来のビジョンは創造できない。そこでは第一に、先入観をもたずに、あるがままの現実を直視することが必要です。そのうえで、現実の背後にある文脈を読み取り、関係性の本質を直観的につかみ取らなければなりません。

さらに、その関係性をどのように変えていけば、新しい未来を切り開けるのかを考える構想力も求められるでしょう。その構想を実現するためには、不確実な未来に対してリスクをとる勇気も必要になります。

たとえば、ヤマト運輸（現・ヤマトホールディングス）の「宅急便」というビジネスモデルも、そんなプロセスを経て生まれました。そのきっかけは、あるときニューヨークを訪れた小倉昌男さんが、道路の四つ角のそれぞれにUPS（アメリカの物流大手）の配送車が停まっているのを見たことです。その「現実」から、小倉さんは緊密な配送網の存在意義を直観的につかみ取りました。

当時の運輸業界では「小口荷物は儲からない」という常識が広く信じられていましたが、小倉さんはそんな先入観を捨てて、素直に現実を直視しました。そうやって目の前の現実の意味を深く考えた結果、「小口荷物でも迅速かつ確実に届けてくれる」という

「コト」に対する世の中のニーズに気づき、そのサービスを可能にする配送システムの整備が新しいビジネスモデルとして生まれたのです。

このヤマト運輸のケースにかぎらず、過去のイノベーションをふりかえると、ふつうなら見過ごしてしまうような平々凡々とした現実からヒントをつかみ、非凡な飛躍につなげた事例は少なくありません。

「創造とは一回性のなかに普遍を見ることだ」という言葉もあります。取るに足らない日常風景や他者とのやりとりのなかに潜んでいる小さな「コト」から、大きな変化の可能性に気づけるかどうか。イノベーションにはそれが重要であり、その気づきはふだんの連続性のなかからしか得られないのです。

そして、その連続性のなかから目に見えないほど小さな「コト」を見出すには、それを「見よう」とする強い目的意識に加えて、専門的な知識を支える豊かな経験と教養が必要です。それが、鋭い洞察力を養ってくれる。多くの発明や発見は、論理的な分析がもたらす形式知から生まれるものではありません。経験から得た深くて多様な暗黙知とビジョン達成への強い思いをもち、新たな関係性を考え抜くことから生まれます。

さらにいえば、みずからが得た気づきの本質をわかりやすい言葉で概念化し、他者に伝えていく能力も重要でしょう。組織の内外を問わず、多くの人を動かしてその知恵を総動員しなければ、革新は起こりません。むろん、それができなければ顧客の心も動かせない。

「コト」を言葉や物語に変換し、さらに「モノ」へと結実させる能力が、賢慮のリーダーには求められるのです。

少なくとも、かつての日本企業はそういった実践知に支えられていました。しかし現在は、日本のよさを担保してきた高度な暗黙知をもつ職人芸が失われつつある点が、いささか心配です。

たとえば二〇一〇年、小惑星探査機「はやぶさ」の帰還が話題になりました。一時は帰還が絶望視されながら、幾多の困難を乗り越えて仕事をやり遂げ、最後は大気圏で燃え尽きた姿に感動した人も多かったと聞きます。過去に小惑星に着陸して帰還した例はなく、「はやぶさ」は日本の技術水準の高さを天下に示しました。

しかし、事業仕分けで予算が削られてしまえば、蓄積してきた技術やノウハウなどの高質の暗黙知は消えてしまいます。たとえ消えなかったとしても、予算のつかない日本から他国に流出してしまうでしょう。

やはり、効率一辺倒の発想ではいけない。ここでもやはり、アメリカ型の合理主義が邪魔になるわけです。

「平凡から非凡」を生むイノベーションのためには、一見すると「ムダ」と思えるものであっても、新しい発想を導く役割を果たしています。どこかで必ずこのような〝遊び〟の部分をつくって、試行錯誤の余地を残しておかなければならないのではないでしょうか。

愚直なまでに「質」を追求する現場を取り戻せ

「体格」よりも「体質」で勝負する姿勢

遠藤 功

たしかに、高度な暗黙知に支えられた日本の現場力は、「失われた二十年」のあいだに多少なりとも劣化してしまったと私も思います。

それを端的に物語っているのが、二〇〇九年から二〇一〇年にかけて発生したトヨタ自動車のリコール問題でしょう。「品質の王者」を誇ってきたトヨタが、アメリカ、ヨーロッパ、日本で計一〇〇〇万台を超えるという、それまでとはケタ違いの規模でリコール問題を起こしたことは、日本の製造業全体にとって大きなショックでした。

私は、トヨタが品質問題で手を抜いていたとは思いません。しかし、「手抜き」以外にも、品質問題を起こす要因は存在します。

たとえば、「何かを変えたとき」には品質が不安定になりやすい。品質を安定させるには何も変えないことがいちばんですが、企業が競争力を高めるためには、さまざまなものを変化させなければなりません。国産ではなく海外の部品を使うようになったり、生産現場を日本から外国に移したりすれば、品質が変化するリスクにさらされます。また、現場のキャパシティや能力を上回る負荷がかかり、作業時間などに余裕がなくなったときも、そのリスクは高まるでしょう。

そう考えてみると、トヨタは品質問題が起こりやすい状況にあったといえます。グローバル展開による急拡大を支えるには、現地生産や部品の現地調達を増やさざるをえません。また、グローバル競争のなかでコストダウンを図るため、部品の共通化も進めていました。かつては車種ごとに替えていた部品を共用化すれば、一つの部品に問題が生じたときにリコール対象が一気に増えます。

さらに、自動車の「電子化」が進んだことも、品質を不安定にした一因でした。メカに関しては豊富な暗黙知を蓄積してきたトヨタですが、エレクトロニクスやソフトウェアについての知見や経験は決して十分とはいえません。

その意味で、トヨタのリコール問題は起こるべくして起こりました。偶発的な問題ではない以上、たとえば海外の部品メーカーや協力企業との連携を含めたビジネスシステムそのものの再構築が必要でしょう。

しかし、もっとも重要なのは、トヨタの強みだった「現場力」の再強化です。

これまでトヨタの品質は、現場の愚直なまでのモノづくりへのこだわりによって担保されていました。手を抜くようになったわけではないとはいえ、近年はその愚直さが劣化している印象が否めません。

かつては周囲が「そこまでやるか」と呆《あき》れるほど小さな問題まで見つけ出して徹底的につぶしていたのが、いつの間にか「この程度でいいだろう」と考える〝普通〟の組織になってしまった可能性があります。愚直とは「愚かだと思われるほどまっすぐ」ということです。〝普通〟になってしまうことは、トヨタ「らしさ」を失うことを意味しています。

それと同時に、組織の「感度」が落ちている可能性も高いでしょう。現場には問題発生の兆候が多々あるにもかかわらず、それに対する反応が鈍くなっている。

だとすれば、現場で異変に気づく「センサー機能」が劣化しているだけでなく、現場で感じ取った問題を関係者に伝える「伝達機能」も衰えているにちがいありません。事実、リーマン・ショック以前には、売上が減速しはじめた米国で在庫の山が港に積み上がっているにもかかわらず、それに本社が気づかなかったことがありました。

これらの問題の背景にグローバル化がある以上、品質向上のために対策を講じなければならない日本企業はトヨタだけではないでしょう。グローバル生産やグローバル調達は口で言うほど簡単なものではなく、そこには非常に大きなリスクが潜んでいます。コストダウンのために形だけのグローバル最適を追求しても、品質問題が多発しては元も子もありません。

それを避けるには、むやみに「体格」ばかりを追求するのではなく、むしろ「体質」で勝負することを心がけるのが一つの方向性です。

そのすばらしいお手本を示したのが、女子サッカーワールドカップで頂点に立った

「なでしこジャパン」でしょう。優勝に導いた佐々木則夫監督は、試合後の会見でこう語っていました。「日本は体格で勝てていないので、こういうサッカーをやらなければいけない。国の特徴を活かさなければいけない」。

「こういうサッカー」というのは、力づくではなく、個とチームの力を最大限に複合させた「アクションするサッカー」のことです。「なでしこ」は「体格」で劣る強豪相手に、まさに「体質」で競い、頂点を極めたのです。

リコール問題でアメリカ下院公聴会に呼ばれたトヨタの豊田章男社長も、急激な事業拡大を反省していましたが、「体質」を犠牲にしてまで成長を追うことに意味はありません。愚直なまでに品質を追求する現場力を取り戻すために、自分たちにとって最適な事業規模とは何かを考えなおすときを迎えているといえます。

危機に際して明らかになった現場の潜在能力

そうやって自分たちの原点に立ち戻り、地に足の着いた、日本的な泥臭いやり方に回帰することが、再生への第一歩ではないでしょうか。たとえグローバルな環境が大きく変わろうとも、しつこく日々の仕事を究めていくという、これまでの日本的な価値観は不変でなくてはなりません。そのような会社の業績は必然的に上がっていくし、競争力も高まるはずです。

福岡県柳川市にあるファインテックという一〇〇人規模のメーカーに足を運んだときのことです。世界一の産業用刃物メーカーをめざし、マイクロメートル単位の精度の刃物をつくっている会社です。

驚かされたのは、その研削盤《けんさくばん》で作業をしている大半が、パートタイマーの女性だったこと。彼女たちは図面を読み取り、研削盤を操り、五感をフルに活用して高精度の刃物を加工していました。

これが、まさに日本の「現場力」です。このような職人芸をパートタイマーの女性がマスターし、競争力にまで高めている。中国をはじめ新興国では、まず真似ができません。日本企業には、まだまだこういう潜在能力が残っているのです。

先ほども申し上げたように、今回の大震災とそこからの復興へ向けた動きは、日本が

「現場の国」であることを再認識させました。

大事なのは、これを「火事場の馬鹿力」のような有事における例外にしないことでしょう。ここで顕在化《けんざいか》した現場力にさらに磨きをかけ、平時でも当たり前に発揮できるようにする。そこから、まさに野中先生のおっしゃる「凡事の非凡化」が始まるのだと思います。

東日本大震災でわかったのは「有事の現場力」が高いことだけではありません。「平時」からの積み重ねが力を発揮したケースも見受けられました。

たとえば、宮城県栗原市にサンドビックツーリングサプライジャパンの瀬峰工場があります。スウェーデンに本拠を置く工作機械メーカー「サンドビック」の製造拠点ですが、三月十一日に震度7の激震に見舞われました。そのとき、この工場はフル生産の真っ最中で、すべての設備や機械が稼働していました。しかし、非常電源が自動的に作動して非常灯が点灯し、炉の冷却用ポンプをはじめとする緊急非常設備に電気が流れたため、停電によるトラブルは皆無。全社員が無事に工場外へ避難できたそうです。

また、この会社では日ごろから緊急時に備えた「5S活動」（整理・整頓《せいとん》・清掃・清潔・躾《しつけ》）

「平時」から地震対策が施されたサンドビックの瀬峰工場

に取り組んでいました。そのおかげで、棚や機械の転倒防止、棚からの部品や資材の飛び出し防止などの対策が完璧なまでに講じられており、破損や人的被害を防ぐことができたのです。あらゆる棚に飛び出し防止の網をかけておくなど、圧倒的な現場力でこの工場を守ったのです。その結果、工場は操業停止を免れました。

　平時から現場の主体的な努力によって、このような準備をしておけるところが、日本企業の底力だといえるでしょう。こうした努力や工夫は、経営者の判断で行われているわけではありません。現場で働く人々が、みずからの知恵で「万が一」の事態に備え、結果として会社を救っている。日本以外の国では、まず考えられないことだと思います。

宅配便の全国配送網がわずか二週間で復旧したのも、それぞれの現場が「一日も早く荷物を届けたい」という思いで行動したからでしょう。被災地での道路状況や危険度は、現場の人間にしかわかりません。だから本社も「ここは届けられます」「こちらは大丈夫です」といった現場の判断を尊重した。現場の従業員のなかには、自分自身も被災した人たちが数多くいるにもかかわらず、率先して業務の復旧に取り組んだのです。

世界広しといえども、そんな運送業者はおそらく日本にしか存在しません。

サンドビックの瀬峰工場にしろ、宅配便にしろ、震災後にも平常どおり稼働しているのを見て、「運よく被災を免れたのだな」と思ってしまう人もいるでしょう。道路や港湾なども、あまりにも復旧が早いので、事情を知らない人にはまるで何事もなかったかのように見えてしまいます。

しかしじつは、世界に並ぶ者がないほどの「現場力」がそこで大いに活きている。いつの間に仕事をしたのかわからないほどなので、逆にその実力が世間に伝わりにくいというのは、皮肉なことだと言わざるをえません。

日本企業の現場力とは、そういうものです。自分たちが「当たり前」だと思っていることが、世界では少しも当たり前ではない。だからこそ震災後の復旧活動は、諸外国から驚きの目で見られました。その強靭な現場力をもっと自覚し、さらに磨きをかけ、武器にすることを考えなくてはなりません。

第Ⅱ部

海外に売り込める日本の「強み」

第4章

ムダが多いはずの「総合力」が生きる時代

「ぶら下がり社員」を海外に送り込め

野中郁次郎

「グローバリゼーション」は「ローカリゼーション」

前章で、遠藤さんから、日本企業は「体格」よりも「体質」で勝負すべし、とのご指摘がありました。私もまったく同感です。

それは、日本企業に限った話ではありません。二〇〇五年にアメリカのコンサルティング会社であるブーズ・アレン・ハミルトンが発表した調査結果を見れば明らかでしょう。一〇〇〇社のアメリカ企業を対象に、イノベーションに関する調査を実施したところ、研究開発投資額とパフォーマンスは必ずしも相関しないという結果が出たのです。

もっとも相関性が高いのは「プロセスの質」でした。

まさに遠藤さんがおっしゃったとおりです。事業規模を拡大しても、イノベーションにはつながりません。

ある意味で、日本企業はその「質」を担保するために、これまでたいへん厳しい環境のなかで戦ってきたともいえるでしょう。国内に同じような業態の会社が何社もあり、お互いに差別化競争を繰り広げてきたのですから。

しかしグローバル化が進み、たとえば韓国のサムスンは、すべて日本企業の模倣《もほう》から始めました。模倣をしているうちに上流にさかのぼってコンセプトまで類推できるようになり、さらにデジタル化を進めた結果、世界規模で先手を打てるようになったのです。

その状況下で日本企業が新しいものをつくっても、必ずシェアは落ちていくわけで、同じ土俵で勝負するのは非常に厳しいと言わざるをえません。一方でサムスンは、とても「賢い」戦い方をしているわけです。

とはいえ、そこで「日本企業も相手に合わせてスケールメリットを追求すべし」といった単純な結論になったのではおもしろくありません。そもそも、たとえそれで戦いを挑んだところで、最終的にスケールメリットだけで生き残れるのは業界で一社か二社だけでしょう。たえず先進のものにチャレンジしつづけていくのが日本流の生き方であって、それを捨ててしまえば日本のよさ自体が失われてしまうと思います。

以前、取材に訪れた『朝鮮日報』の記者に「モデルになる日本企業を一つ選んでくれ」と言われた際、私はこんなふうに答えました。

「韓国ならサムスン、フィンランドならノキアだと答えられる。しかし日本ではそういう言い方はできない。なぜなら、おもしろい会社がゴロゴロあるからだ」

アメリカにもGE（ゼネラル・エレクトリック）、IBM、P&G、デュポン、3Mといった優良企業がありますが、それ以外の多くは他社の真似ばかりして、結果的には同質的になっている。逆に日本のダイバーシティ（多様性）が強みになっていることを、もっと認識すべきでしょう。

また、グローバルなマーケットで戦うからといって、その全体を相手にする必要はありません。たとえばインドのタタ・モーターズが、二〇万円を切る小型自動車「ナノ」を発売して話題になりました。グローバル・スケールのニーズを考えると、たしかにこのような動きは衝撃的です。価格競争になれば、「体格」の大きな企業のほうが有利となるのは疑う余地がありません。

しかし一方で、トヨタ自動車の「iQ」のように、同じ小型自動車でも究極まで技術を突きつめる方法もある。グローバルなニーズに合わせるだけでなく、日本にしかできない技術を追求しつづけることが重要なのです。両者のバランスをうまくとっていくことができるなら、いずれ新興国の所得レベルは上がり、たんに「安ければ売れる」マーケットではなくなるわけですから、後者に勝機が出てくるのではないでしょうか。それが「体質」で勝負することの意義だと思います。

その意味で、シャープが発売した「ガラパゴス」というタブレット型端末のネーミングは、ある種のシンボルとして私は評価しています。日本だけの「独自の進化」を恐れる必要はありません。むしろ、それが「体質的な強み」になるのです。グローバルなマーケットを「水平」方向にカバーするだけではなく、自分たちの知を「垂直」につなげることによって蓄積することが大事だと思います。

また、これは非常に逆説的な話ですが、「グローバリゼーション」とは実際のところ

「ローカリゼーション」であることも忘れてはなりません。

タタ・モーターズの「ナノ」にしても、それが生まれたのは「インド」ではなく「インドのムンバイ」だという点が重要。最近は、地域や都市などの現実に生きている空間が戦略単位になる傾向が高まっているのです。

したがって、「世界戦略」といった言葉で大雑把《おおざつぱ》にくくられた単一モデルで攻めるやり方には限界がある。すべてコンテクストが違いますから、ほんとうに顧客ニーズに応えようと思えば、個別具体のなかにフレキシブルな素材コンポーネント（プログラムの部品）をすべてもっていたほうが、より俊敏に適応できるのです。

たとえばコマツは、「中国というものは存在しない。あるのは地域としての上海であり、南京である」と言います。

そういった地域を一つの戦略単位として考えた場合、重要になるのは、政治・経済などのあらゆるステークホルダー（利害関係者）との関係性でしょう。そこで培ったものをベースにして、その次に各地域をリンクしていく。すると、かつて毛沢東が「農村から都市を包囲する」と語ったように、都市からのグローバル展開が見えてくるわけです。

コマツも、当初は地域ごとの情報システムを地道に構築し、それらをリンクさせることでグローバル展開を可能にしました。それを行うには、コンポーネントからすべて自社で技術をもたなければなりません。建機でいえば、三〇パーセントくらいはそのような領域が必要で、それこそが日本企業の強みになるのです。

日本には深くて広い知が眠っている

ただし、そういった「ローカリゼーションからのグローバリゼーション」を始めるには、多くの社員を現地に送り込む必要があるでしょう。実際、サムスンはそれをやっています。かつてはどの国に行っても日本のビジネスマンを目にしたものですが、それを最近では韓国人がやっている。

サムスンには「地域専門化制度」と呼ばれるものがあり、現地に送り込んだ社員を本社はいっさい支援せず、一年間、自由に生活させます。そのあいだに言語、文化、経済、産業、人的ネットワークなど現地のDNAを身につけさせ、その体験をオンラインによって全社員で共有するのです。

そのくらいやらないと、真のグローバル・カンパニーにはなれません。いま元気な企業には、グローバル化を地道に実践してきたところが多い。その結果、外に知が開かれたわけです。サムスンをはじめとするアジア企業が好調なのも、異文化接触によって知を創造する体質が組織内に組み込まれているからでしょう。

日立製作所の中西宏明社長もインタビューで、みずからにとって最大の契機はヨーロッパ体験だと語っていました。頭では理解していても、国や地域、民族、文化、習慣の多様性をほんとうの意味で理解するには現地に行くしかない。それをヨーロッパで学んだと言うのです。最近の若者は外に出たがらないとも言われますが、それはチャンスを与えないから行かないだけではないでしょうか。

ともかく、ほんとうにグローバルな人材を育て上げ、彼らをグローバルに配置したいのなら、サムスンには学ぶべきところがあります。異文化体験をくりかえすことで、日本のインテリジェンスも豊かになるでしょう。官民一体のインフラ輸出を行うにあたっても、日本は政治がまったくダメですから、そのようなインテリジェンスに裏打ちされた企業が中心とならなければなりません。

すでに日本にも、YKKのように社員を地域に住み込ませ、徹底した現地化を図っている企業はあります。その土地に根づき、利益は現地に還元する。社員にも、現地に永住する覚悟をさせる。ユニクロも、世界で活躍できる店長を育成して「民族大移動」をやろうとしていますが、やはりこれだけグローバル化が進めば、そういう方向に日本企業は向かわざるをえません。

ですから、たとえば本社に「ぶら下がり社員」と呼ばれる余剰人員のいる大企業は、彼らをどんどん世界中の現場に出せばよいと思います。本社のぶら下がり社員は「現場」をもたないので、机上の分析ばかりしたがりますが、すでに申し上げたとおり、これからの知識社会ではなんの役にも立ちません。知識社会とは未来をつくる世界であって、未来は分析だけではわからない。必要なのは直観です。

本社にいるのはもともと分析力に優れた人たちですから、現場へ出せば、その直観が磨かれるにちがいありません。こうして生まれたバランスのとれた人間をたえず循環させればよい。世界の現場で彼らを行動させ、成果をあげたら本社に戻す。そういう人なら現場をサポートできますから、本社にいても役立ちます。

最近、街のエコシステムすべてを関係性で紡いでいくスマートシティ（次世代都市）という実験が行われており、ヨーロッパでは各都市が「リビングラボ」（ユーザーテストを効率的に行う施設）をつくり、そこに産官学、ＮＰＯ（非営利団体）が入って衆知を集めようとしています。大プロジェクトではＥＵ（欧州連合）が予算をつけるものもありますが、そういったタスクフォースも街単位で動く。そのような世界の現場に徹底的に現地化した日本人を入り込ませるのも一つのやり方でしょう。

リビングラボの最終的な眼目は、地域ごとにイノベーションを起こすことです。市長が音頭をとって、希望者はだれでも参加できる。ここでは地域に密着している中小企業が重要な役割を果たしますが、彼らは実験施設のようなものにお金をかけられない。だから、大企業に助けてもらうのです。逆に大企業はプロジェクトにかかわることで、地元密着のアイデアを中小企業から得る。市長も市民参加型のプロジェクトを行うことで、次の選挙で有利になります。

このように、みんなが得をする仕組みのなかで、まさに知の地域別総動員が可能になっている。日本もこうした方法を見習うべきでしょう。

私は二〇〇三年に『知識国家論序説』（東洋経済新報社）という本を書きましたが、いまこそ企業が豊富に培ってきた知、地域に根づいている知を総動員する時期だと思います。

そもそも日本は非常に知が豊かな国で、アジアでは最初に「ものまね」から「創造」に転換した国ともいえる。シンガポールにせよ、韓国にせよ、いままさに模倣から創造へ進化しつつある段階ではないでしょうか。模倣の技術も洗練できるので、それを日本とは違う文脈で展開して「脱ジャパン」を成し遂げているわけですが、素材、部品、製品、サービスとハード・ソフトの総合力に関しては、まだまだ日本を超えたとはいえない。その強みを活かさない手はないでしょう。

これまで日本企業は「総合力」という名の下に、ごまんとムダもつくってきました。しかしいまこそ、それが生きる状況が訪れたといえるでしょう。

ふとふりかえると、そこには中長期で膨大な知が蓄積されている。一方で「オープンソース」というながれがあるとはいえ、一社でさまざまなリソースをすべてもっているほうが強いのは当然です。日本企業は、みずからそれをインテグレートできる。あまり目立ちはしませんが、とくに産業材メーカーは部品や素材からソリューションにいたるまで、社内にたいへんな総合力をもっています。

「これからは他社の技術やアイデアを採り入れたオープン・イノベーションが重要」という声もしばしば聞かれますが、そこには、なんの理論もコンセプトもありません。「この特許権はどちらに帰属するか」といった揉《も》めごとが起こりやすいリスクもあります。

そもそも、これまで日本企業は「クローズド」か「オープン」かの判断を日常的に行ってきたわけですし、サイロをうまく破ることができれば、社内にもっている知を動員したほうが、はるかにスピーディです。まずは社内の知を総動員して、必要に応じて社会の知も取り込む。場合によってはM&Aを実施してもいいでしょう。そのようなバランスが大事になってくるわけです。

専門性の高い領域を深掘りしつつ、他社との関係性を広げている日本企業を具体的に挙げるなら、日本電産、ＹＫＫ、テルモ、前川製作所あたりが該当するでしょう。多品種をもっているところでも、アセンブルという意味の「総合」を超え、シンセシスを表す「綜合」をキー概念に新展開を生み出している企業もあります。

たとえば最近は日立製作所が元気で、震災前の二〇一〇年四〜十二月期決算は過去最高益でした。すでにご紹介した中西宏明社長は制御システム開発の出身ですから、ハードとソフト両面で物事の関係性が見えるのでしょう。だからこそ、結果的に貯まってしまった膨大なインフラ関連技術をリンクさせ、総動員できるのです。

日立のほかにも、東芝、三菱重工、キヤノン、パナソニックなどが「総合力」を強みにできる企業だと思います。クローズドした結果、最終的に日本企業は意外に深いところを掘削していました。今度はそれを強みに、新しい水平展開を模索する時期だといえるのではないでしょうか。

「ガラパゴス」こそ日本の「際立ち」の象徴

「縦の深さこそ日本の力だ」と発想を逆転させればよい

遠藤　功

私もある大企業の幹部に、「たとえば中国に支店を一〇〇ぐらいつくり、『ぶら下がり社員』をそこに送り込んだらどうですか」と話したことがあります。本社でつまらないことをやって現場の足を引っ張るよりは、中国の一三億人を相手にみずから現場に立って市場開拓をさせたほうがよほどいい。乱暴に聞こえるかもしれませんが、そのくらいの思いきったシフトが必要でしょう。

そもそも人員の余剰は、日本の大企業が抱える深刻な問題です。ある会社のミドルに言わせれば「本社にいる人間の三割、場合によっては半分は不要」という状態。「人を切らない」を前提とするならば、そのような「ぶら下がり社員」をどうするか、さらには今後どうやって「ぶら下がり社員」をつくらないかという点は、生産性を向上させるうえでも喫緊《きっきん》の課題です。彼らを本社に抱え込むのではなく、海外のフロント（最前線）に出してグローバリゼーションの推進力として活用すれば、まさに一石二鳥でしょう。

そして、それは「体質」の向上にもつながるはずです。

いま日本の大企業の方々と議論をすると、彼らがみずからのポジショニングに悩んでいることがよくわかります。

たとえば、味の素は日本では最大手の食品会社ですが、グローバルに見渡せば、ネスレのような圧倒的な規模を誇る超メガ企業がある。花王とP＆G、武田薬品工業とファイザーなどもそうでしょう。そのような「体格」の差を見れば、自分たちは規模に劣り、「体格」ではとても勝負できないと感じるかもしれません。

経済発展が著しい中国やインドではいま、これまでの常識を超える巨大な製造業が次々に生まれています。中国のエアコン会社「格力」の年間生産台数は二〇〇〇万台。日本のトップメーカーであるダイキンの四倍以上の数字です。鉄鋼メーカーなどでも「体格」の大きなプレーヤーが次々に誕生していて、もはや規模の論理で勝てるとはとうてい思えない。

私は規模の大きさにとらわれず、「体質」という面を磨けば十分に戦っていけるはずだと考えていますが、多くの日本企業が自分のポジショニングについて試行錯誤をくりかえしており、そのなかで悲観論も生み出されているように思います。新興国から巨大メーカーが次々と登場するなかで、みずからも規模を追求しなければいけない。しかし一方で、質が大事ということを捨てられるわけでもない。どのようなポジショニングをとるべきかという基本的なスタンスが定まっていないのです。

「体格」を競う海外の企業が増えるのであれば、それは日本企業の存在感を示し、戦略的に差別化を図るチャンスでもあります。「プロセスの質」が担保されているのなら、日本企業の存在感は必ず高まるはずです。

それこそ野中先生がおっしゃったように、マーケットが大きいからといって、必ずしもローエンド（もっとも廉価《れんか》な一群）のところに入っていく必要はありません。消費者の「欲望の質」は必ず上がっていきますから、そのなかで日本の主戦場を見つければよいわけです。逆に、そこで日本的なよさを担保した商品やサービスを提供することができなければ、日本企業の存在感はますます消失してしまいます。

ですから私も、シャープの「ガラパゴス」というネーミングを聞いたときは、いい意味の開きなおりを感じました。

これまでは「技術的には最先端だが、特殊すぎてグローバルな競争力に結びつかない」という否定的な意味で「日本はガラパゴスだ」と言われてきましたが、私は「よいガラパゴス」と「悪いガラパゴス」があると思うのです。マーケティングが稚拙《ちせつ》でその価値を追求できない、あるいは日本の特殊な制度に問題があるという理由で、「悪いガラパゴス」化する場合もありますが、一方では、よそが太刀打ちできないほどの卓越した技術も生まれています。

その意味で「ガラパゴス」こそ日本の「際立ち」の象徴であり、「ガラパゴスだからダメなのではないか」ではなく、「縦の深さこそ日本の力だ」と発想を逆転させればよい。「深さ」のないところからは何も生まれません。

したがって、世界が「横」へ広く展開してユニバーサルなものを追求しようとするほど、日本は「深さ」という独自の価値を訴求すればいい。安易にユニバーサル化を求める発想は、日本企業にはなじまない気がします。

「総花」とは異なる「戦略的な総合性」

野中先生からコマツのお話がありましたが、私も同社の幹部の方からこのような話を聞いたことがあります。

「グローバル展開しようとすればするほど、幅広い技術が求められる。たとえば中東で使われる建機とシベリアで使われる建機では、必要な部材や技術がまったく違ってくる。それらすべてに対応できる力がなければ、とてもグローバルな成功など不可能。だからこそ、どれが役立つか、立たないかという短絡的な判断を行ってはいけない。一見非効率のように見えるが、幅広く目を向けるなかで、ほんとうの競争力が培われる」

こうした意識を忘れなかったからこそ、いまのコマツがあるといえるでしょう。地道な努力の積み重ねのなかから非連続を生み出すことこそ、日本のモノづくりがもつ競争力の原点です。そこが揺らいでは絶対にいけない。

そして日本企業は、まさにその持続性のなかで個性を花開かせました。日立も、東芝も、三菱電機も、かつては「総合電機メーカー」という同質性を揶揄されながら、いまではみずからの強みを意識し、まったく違う生き方を模索している。

正直なところ、かつてのような日立、東芝、三菱であれば、「電機メーカーは三つも要らない」と私は考えていました。しかし最近は、「三つあることが日本の競争力」と思っています。あまり認識されていませんが、いまの日本企業は個性化を追求しており、しかもその一つひとつがとてもリッチなのです。

日立は、かつてはその「総合主義」に対する批判が絶えませんでしたが、トータル・エンジニアリングの時代になると、それがそのまま強みに変わりました。これまでは広すぎる間口を「選択と集中」によって捨てることばかりが議論されましたが、みずからのよさは総合力にあるという発想の転換が必要になっているのです。

「自前主義を捨てよ」という言葉もよく耳にしました。なんでもかんでも自社で手がけることへの批判が起きたわけですが、いまはどうでしょう。やはり自分たちで汗水たらしてやらなければ「ブラックボックス」は生み出せないし、深い次元にも到達できない。ある意味では反面教師的に、ある領域をみずから「究める」ことの大切さを再認識しはじめている段階に来ていると理解してよいと思います。

ただし「総合主義」は、一歩間違えると「総花主義」に陥る危険性もあるので気をつけなければなりません。「総合」とは、ある戦略的な意図の下で相乗効果（シナジー）をねらうものです。それに対して「総花」は、戦略も何もないまま、やみくもに手を広げているだけにすぎません。

たとえば、かつての三菱電機は、典型的な「総花経営」でした。社内においてすら「ほんとうにウチが携帯電話や半導体をやる意味があるのか？」と疑問の声が聞かれたほどです。もともと重電メーカーなので、携帯電話や半導体のように浮き沈みの激しい事業で「切った張った」をやるのは向いていない。ところが「技術力があるから」「成長分野だから」というだけの理由で手を出してしまい、結果的にはその分野で大火傷を負ったのです。

そんな状況でも、しばらくはズルズルと続けてしまうのが日本企業の悪弊ですが、野間口有さんが社長になったときに、三菱電機はようやくそこから撤退する決断をしました。それ以降は強い事業をさらに強くするという戦略を掲げ、ファクトリー・オートメーションや昇降機、自動車部品といった比較的地味な分野で競合を凌駕《りようが》する存在になっています。

とはいえ半導体に関しても、なんの意図もないまま撤退したわけではありません。半導体そのものはルネサステクノロジ（現・ルネサスエレクトロニクス）に切り出し、移管しましたが、「パワー半導体」についてはいまでも自社で事業を続けています。

これはエレベーターやエアコンのプラントなどに使用するもので、じつはこの製品・技術が「ブラックボックス」として、これらの製品の競争力の根幹になっている。だから三菱電機は、このパワー半導体を残すことで、その事業の総合性を維持し、キーデバイスから完成品までを垂直統合で行っているのです。これこそが、手当たりしだいの「総花」とは異なる「戦略的な総合性」だといえるのではないでしょうか。

これが商社であれば、それこそ「ラーメンからミサイルまで」という幕の内弁当のようなやり方もありえなくはないでしょう。しかし、少なくともモノづくりの会社において、それはもう許されません。ラーメンとミサイルのあいだには、なんのシナジーもない。まずは自分たちの戦うドメインがどこなのかを見極め、そのなかで「深さ」のある総合性を発揮すべきです。

世間やマスコミはどうしても目新しい成長分野に目が向きがちなので、すぐに「なぜ日本ではiPhoneやiPadが生まれないのか」という言い方をしたがります。しかし自分たちのドメインをしっかりと認識していれば、「時代に取り残されるのではないか」などと心配する必要はありません。

「つくれない」のではなく、「つくらない」と自信をもって主張すればいいのです。「その代わり、開けてみれば中身はみんな日本製ですよ」と。

三菱電機にかぎらず、浮き沈みの激しい製品やサービスは、多くの日本企業にはあまり向いていないかもしれません。垂直統合の日本らしい総合力が生きるのは、じっくりと時間をかけて深く掘り下げることが求められる分野でしょう。

その一方で、回転の速いデジタル家電のような製品においても日本の存在感を示したいと考えるのであれば、業界の再編が必須です。国内の企業が大同団結して、「日の丸ブランド」を立ち上げることが世界の列強と伍して戦うためには必要といえるでしょう。

第5章

世界に注目される共同体経営

日本企業の価値観にいまになって欧米が近づいてきた

野中郁次郎

「プラクティカル・ウィズダム」は日本ではありふれた発想

ここでもう一つ、日本の強みをつけくわえておきましょう。

アメリカで二〇一〇年末、心理学者のバリー・シュワルツが『Practical Wisdom』という本を出版しました。そこで展開されている議論は、次のようなものです。

「知恵」といえば、欧米ではプラトンの影響が大きく、「セオリカル」(理論的)なものであると考えられてきました。これは、知恵が「神の領域」であることを意味しています。しかしアリストテレスは、現実のなかで判断する「プラクティカル」(実用的)な知恵が重要だと言ったのです。

いまのアメリカは、すぐに理想のシステムを設計したがり、その結果、マニュアル頼みとなって個々の事例をそれぞれに判断する能力を劣化させてしまった。したがって、今後はアリストテレス的な知恵、つまり「プラクティカル・ウィズダム」が必要なのだ——簡略化すると、これがシュワルツの主張です。

このような考え方は、おそらく多くのアメリカ人にとって目新しいものでしょう。しかし日本人、あるいはアジア人にとっては、いまさら言われなくても、伝統的に備わっている感覚です。私自身も『流れを経営する』（遠山亮子、平田透両氏との共著／東洋経済新報社）のなかで展開した考え方で、とくに新しい発想ではありません。

また、マイケル・サンデルの「正義」に関する講義が注目されているように、いまはカントやロールズのように個人の自由を「正義」とするのではなく、自分たちはつねに社会とともにあるという前提に立ち、そこでたえず優れた標準を模索するという思考が大きな社会のうねりになっています。

くりかえしますが、あのマイケル・ポーターでさえ、『ハーバード・ビジネス・レビユー』の二〇一一年一・二月合併号で、いまや企業がCSR（社会的責任）を求める時代は終わり、これからはCSV（共有価値の創造）の時代だと語りました。儲かったら寄付をするという活動は偽善的で、本業のなかでその価値を追求すべきだ、というわけです。

しかし、こちらもアジアには、むかしから似たような感覚があります。中国には孔子以来の「仁」の精神がありますし、タイでは「サフィシェンシー・エコノミー」（足るを知る経済）、ブータンでは「グロース・ナショナル・ハピネス」（国民総幸福）といった考え方が打ち出されている。もちろん日本企業にとっても、とくに目新しい価値ではありません。

つまり、欧米で起きつつある価値観の変化を見るかぎり、日本企業がふたたび存在感を強める素地がそろいつつあるのです。利益は追求するけれども、同時に理想も追求する。重要なのは、そのバランスです。そもそも利益は未来創造のコストでもありますから、そこが甘くなると持続しません。松下幸之助さんも「産業報国」の精神で家電を始めました。シャープの創業者である早川徳次さんもそうでしょう。

そのような社会との「共通善」をめざす企業では、日常のなかでたえず、より大きな関係性を考えさせる機会を与えます。

たとえば三井物産は、「よい仕事」が一つのコンセプトになっている。では「よい」とは何か。それをつねに仕事の一環として考えさせるのです。そこから「自分にとってよいのか」「集団にとってよいのか」「組織全体にとってよいのか」、あるいは「社会にとってよいのか」といった視点が生まれてくる。そうやって、ときに青臭いと思われるような議論をすることで、より大きな関係性を感じることができるのです。

すると、たんに自社の利益を追求するだけだと考えるよりも、「ならば自信をもってやってみよう」という気持ちになれる。そのような気づきを与えることこそ、企業のトップが担うべき役割なのです。

国を背負っているという気概が世界ではリスペクトされる

そんな日本企業の価値観を理解し、共有できるのは、日本人だけとはかぎりません。

たとえば日本企業がアメリカに進出しても、アメリカ企業のように一部のスター社員に法外な給料が払えるわけではありません。それでも生き残っていけるのは、アメリカにも四半期ベースの評価やMBA至上主義が苦手で、逆に日本企業のもつディシプリン（規律）や共同体主義などというカンパニーのあり方に惹《ひ》かれる人がいるからです。

そもそもGE、IBM、P&Gといったアメリカのエクセレント・カンパニーは、私に言わせれば、とても日本的です。長期雇用、終身雇用がベースにあり、経営者候補の育成は外部登用ではなく内部昇進。GEの元CEO（最高経営責任者）であるジャック・ウェルチにいたっては、リストラなどを行った初期のイメージはすっかり影を潜め、最後は本田宗一郎さんのようになっていました。

彼らはアメリカ社会の流れと必ずしも同質化せず、自分たちの価値は普遍であり、それを善とする考えを根底にもっている。そういう気概や哲学がないと、社員もやっていられないでしょう。

また、たとえばホンダやユニクロなどが中国に進出して現地生産を始める場合には、デジタル化に対応しつつ、日本から「匠」を送り込み、モノづくりに対する考え方を徹底的に中国人従業員に浸透させます。そうやって自分たちのやり方を貫いていく。完全には日本の「型」が伝わらなくとも、その根幹は伝わるでしょう。ある種のバリエーションとして、本質的な部分は継承されるわけです。グローバリゼーションのなかで「日本らしさ」を維持するには、そこまで徹底的にこだわるべきでしょう。

もちろん、「郷に入っては郷に従え」といった側面もないわけではありません。セブン‐イレブンも進出先で日本国内と同じ仮説検証にこだわりますが、文化の差があるため、他国ではできないこともある。

たとえば、日本のセブン‐イレブンは基本的に店内調理をせず、おでんも本部がつくったものを売ります。しかし温かい料理にこだわる中国では、店内調理を認めざるをえなかった。それでも、経営の根幹にかかわる部分では、セブン‐イレブンのディシプリンを通しています。

そして海外では、そのような確固としたディシプリンがある企業ほど、かえって強くリスペクト（尊敬）される。同じくセブン＆アイ・ホールディングスの傘下で、中国でもっとも成功している企業の一つであるイトーヨーカ堂も、日本型のサービスを徹底させるために涙ぐましい努力を払いました。その蓄積がいま花開いているのです。

ある意味、どこかで日本という国を背負っているという気概をもっているところが、日本企業のよさだといえるでしょう。そういう気概をもった企業人が、世界では尊敬されるのです。

一方の欧米企業は、徹底した業績主義を貫き、現地でもアメとムチを使い分ける。優秀な人間はどんどん取り立てる一方、ダメな人間はあっさりと切り捨てます。

日本はそこまで厳しくありません。現地の人にも日本的なケアをします。このような奉仕精神は、私が見たところでは、どうもアジアでも日本にしかない特性のように思えます。顧客に対しても「最後まで面倒をみる」ところがある。最後はそういうところで勝負がつくのだと思います。

モノや技術だけではなく「価値観」を売れ

日本の「当たり前」が海外では評価される

遠藤 功

たしかに、欧米からいろいろな価値観が流入すればするほど、逆に日本の特異な存在感が増す面があると思います。とくにアジアの人々は、日本的な価値観のほうが自分たちにフィットすることに少しずつ気づきはじめている段階と言ってよいかもしれません。

したがって、日本人にとってはごく「当たり前」のことが、世界的に見れば卓越した競争力につながる。そのためにも日本のどの部分が特別な価値にあたるのか、それを私たち自身が再認識しなければなりません。

たとえば私の生徒である早稲田大学の留学生が日本に来てもっとも驚いたのは、ヤマト運輸の宅急便だそうです。細かい時間指定ができるなど卓越したサービスで、しかもセールスドライバーの方はとてもフレンドリー。私たちはそのことを「当たり前」と思っているわけですが、そこで彼らは「日本はなんとすごい国だ」となる。いまヤマト運輸は中国市場の開拓を始めていますが、まさに日本の「当たり前」を海外に輸出しようと挑戦しているのです。

ただし、これは相当な気概と覚悟がなければできません。中国のような広大な土地で宅急便のようなきめ細かいサービスを提供するのは、短期的な利益計算を超えた志がなければとても実現できない。人材育成も決して容易ではないし、目先を考えたらそれほど儲かるはずがありません。それでもこれは中国に必要となるサービスで、いずれ中国のインフラになるという強い信念があるからこそ、ヤマトは挑戦しているわけです。

ヤマトはオフィス通販大手のアスクルと組み、中国・上海でオフィス用品を半日程度で配達するサービスを開始しました。上海ではオフィス用品の配送需要がふくらんでおり、配達時間の短縮で需要を取り込もうとしているのです。

こうした日本企業どうしのアライアンス（提携）によって、「当たり前」の価値をさらに高めることも可能です。

日本の「当たり前」が評価されるのはアジアだけではありません。たとえばセコムのセキュリティサービスは、イギリスで最優秀顧客サービス賞を獲りました。

イギリスにももちろん警備会社がありますが、自分たちで警備員をもたず、アラームが鳴っても警察に連絡するだけというのが一般的です。しかも機械の性能が悪く、すぐ誤作動してしまう。だから連絡しても、警察は「また誤作動か」と思い込んで出動しないことが多いらしく、そのせいで深刻な事件が起こったこともあったといいます。

しかしセコムは、何かあれば必ず自分たちで現場に確認に行く。これも日本人にとっては「当たり前」に思えますが、イギリスではたいへん高く評価されるわけです。日本の「当たり前」は決して海外では「当たり前」ではない。そこに大きなチャンスがあるのです。

中国人でさえ「株主価値至上主義」に違和感を覚えている

ですから、やはり野中先生のおっしゃるとおり、日本流を押し通す気概が必要だと思います。もちろん、日本企業独自の文化が排他的に作用してしまう危険性もあるでしょうから、現地に合わせるべき部分もあるでしょうが、根幹の部分は「妥協しない」ことが大事。

トヨタで将来を嘱望《しょくぼう》されながら、志なかばで亡くなられた畑隆司さんのメッセージが『人事は愛！』という冊子にまとめられていますが、そのなかで畑さんは「木に竹は接《つ》げない」とおっしゃっています。木に接ぐのはやはり木で、だから自分たちできちんと木を植えて育てなければならない、と。

かつて私が三菱電機に勤務していたとき、何百億円も投資したアルゼンチンの水力発電プラントが、アルゼンチンの国家破産で一銭も回収できない事態に陥ったことがありました。それなのに、三菱電機は何人ものエンジニアを現地に送り込み、設備のメンテナンスを続けていた。

私自身はその事業の担当ではなかったのですが、当時二十代の若輩だった私は、「なぜそんなことを続けるんですか。さっさと引き揚げるべきです」と言ったところ、上司に「三菱は、そういうことをしないんだよ」とこっぴどく叱られたのを覚えています。そのとき、まさに「この事業は国の代表として三菱がやっている」という気概を感じました。

こうした日本企業の体質こそがリスペクトの対象であり、大きな財産にほかなりません。それがあるから「日本企業は信用できる」と称えられるのです。

二〇一〇年の秋、中国の長江商学院というビジネススクールで講義をしたのですが、学生からこう指摘されました。

「アメリカのビジネススクールの先生はみな、最後は決まって『株主価値を最大化しろ』しか言わない。しかしあなたはそう言わない」

彼らも欧米的な思考や価値観になんとなく違和感を抱いているわけで、そこで日本人や日本企業が大切にしている価値観の話をすると、非常に共感を覚えてくれます。日本企業が大切にしてきた価値観が評価される時代になりつつあるのです。

そして、その根底には、組織に対する帰属意識があります。いまの中国にはたしかに高いエネルギーレベルを感じますが、どこかはかない印象がある。それは国家や企業に対する帰属意識が希薄だからでしょう。

先ほど述べた長江商学院のエグゼクティブ・プログラムに参加したある創業社長からは、「私がいま、いちばん悩んでいるのは人の問題だ」と言われました。「優秀な社員はすぐに他社に引き抜かれて居着いてくれない。一般の社員たちも、決して会社を愛していない。私は日本的経営を学ばなければいけない」

だからこそ日本としては、そのような帰属意識を海外においても高めることが、海外戦略を進めていくうえで、とても大切になる。給与などの金銭的なインセンティブだけではなく、「会社を好きになる」という感覚をどうもってもらうか。ここが一つのチャレンジといえるでしょう。

また、国家戦略として日本企業のトータルな価値を世界に訴求することが、とても重要になっています。単純に個別の技術や製品だけを売り込むのではなく、より大きなところで価値訴求をする。それが、日本の強みを活かすことにもつながるのではないでしょうか。

ところが、「インフラ輸出に力を注ぐ」という話だけは聞こえてはくるものの、国がそのオーガナイザーを積極的に担う決意はあまり感じられません。日本企業の価値や長所を総合的、包括的にとらえ、売り込んでいくことが大切だと思います。

第6章

優秀な個を結集する「チーム力」

モノづくりに〝身体性〟を取り戻せ

知が継承される「アジャイルスクラム」

野中郁次郎

中国のような国が台頭すればするほど、逆に国家アイデンティティや企業アイデンティティがますます重要になることは間違いありません。

かつて日本には、国家レベルで知を総合的に集約する「通産モデル」がありました。産官が中心になって、半導体などの開発を進めたわけです。

ところがアメリカから「政府がマーケットに入り込んで開発するのはアンフェアだ」と横槍が入ったため、国が遠慮するようになった。産業界も基礎研究の段階から民間にまかせてほしい、と考えるようになりました。そのため、いつの間にかモデル自体が消えてしまったのです。

しかしここにきて、各国で日本型の「通産モデル」が復活しています。中国や韓国は完全に産官一体ですし、「通産モデル」をアンフェアだと批判したアメリカでさえ、いまやオバマ大統領がGEのジェフリー・イメルトCEOを議長に据えて「雇用と競争力に関する大統領評議会」をつくりました。まさに民主党と共和党が組んで、いっしょに商売をやろう、というわけです。

日本の民主党政権にそのようなビジョンがあるのか、仮にあったとしても実行する能力があるのかは、はなはだ疑問ですが、遠藤さんのおっしゃるとおり、これはきわめて重要な問題だと私も思います。

一方、企業アイデンティティに関しては、諸外国よりも日本のほうに一日《いちじつ》の長があるといえるでしょう。

たとえば韓国のサムスンに欠けているものがあるとすれば、「個」を結集するチーム力です。たしかに事業規模のスケールでは日本を圧倒していますが、「集団」としてのパワーには疑問符がつく。個々の社員はアメとムチを使い分けることで高いパフォーマンスを引き出されていますが、そのやり方では長続きしません。いずれ燃え尽きてしまい、四十歳以降には使い物にならない社員が出てくるはずです。

その意味で、サムスンの課題はおそらくサステナビリティ（持続性）でしょう。しかし日本企業はそれほど厳しくないので、持続性が担保されるのです。

また、帰属意識の高い「個」を一つに束ねたチームは身体的な体験を共有し、お互いの暗黙知を蓄積することができます。持続性が低く、社員が長く居着かないような組織には、これがありません。

こうした集団による開発システムについて、私は一九八六年に、すでに名前の挙がった竹内弘高さんと"The New New Product Development Game"という論文を『ハーバード・ビジネス・レビュー』誌に書きました。いまアメリカでは、その論文が原型となった開発手法が主流となっています。

それは「アジャイルスクラム」と呼ばれるもの。ソフトウェア要求仕様の変更などに対応し、価値あるソフトウェアを迅速に提供する開発プロセスの一つです。

これまで欧米では、各工程を分割して個人の責任範囲を明確にし、リレー方式で行う「ウォーターフォール」が一般的でした。それに対して「アジャイルスクラム」は、各々が専門性を共有しながら、まさにラグビーのスクラムのように一体となり、ボールをパスし合いながら、ともにゴールをめざそうとする方式です。

ここでは、たとえばPCを業務でシェアする際、毎日、図を使って現在の流れを共有します。さらには、PCを二人で使うペア・プログラミングを導入する。しかもこのとき、ベテランと初心者を組み合わせるのがポイントです。

ベテランの優秀なプログラマーは顧客のニーズやウォンツを直観し、それをプログラミングに反映させます。そのプログラミングを、ペアを組んでいる若手が修正する。それが気の利いたものであれば、「おぬし、できるな」ということになるでしょう。その場が、お互いを鍛える道場になるのです。

そのようなメンター（よき指導者）が複数出てくれれば、場が活性化するでしょう。さらにはそうすることで日々、暗黙知が伝承されていきます。つまり「身体化されたマインド」ともいえるアナログ・デジタル総合システムなのです。

知的創造には他者と共鳴し合う「場」が必要

提唱者としてこの開発システムをつくったジェフ・サザーランド博士は、二〇一〇年に来日した際、このようなプレゼンテーションを行いました。

「この考え方の正しさは、一〇万チームの成功が実証している。その考えはもともと、竹内と野中がアメリカにもってきてくれたものだ。かつてそのスクラム方式を製造業で成功させたように、今度はそれをソフト開発でも日本は次のレベルに導いてください」

かつて日本が光り輝いていたころ、本田宗一郎さんや松下幸之助さんは理想の会社をつくろうとしました。それが一度は花開いたにもかかわらず、アメリカ型の分析志向に毒されておかしくなった。「アジャイルスクラム」のようなかたちで、もっと身体レベルでビジネスと向き合えば、必ず日本企業は次のステージに進めるにちがいありません。

イノベーションには、よい「場」が必要です。それはたんなる物理的な場所ではありません。共有された動的文脈、つまり生きた文脈が人々のあいだで共有されている状態のことです。

「知」とは、人が関係性のなかでつくる資源にほかなりません。同じ組織内の人間だけでなく、顧客や供給業者、競争業者、大学、政府といったプレーヤーたちとのやりとりのなかで、お互いに異なる主観を共有し、それを客観化することで「綜合」していく社会的なプロセスによって創られます。ここで言う「綜合」とは、複数の事柄を一つにまとめるだけでなく、より高い次元で対立や矛盾を解決し、新天地に進むという意味合いです。

「場」は、そうした社会的プロセスの基盤だといえるでしょう。場に参加することによって、人は他者との関係性のなかで個人の主観の限界を超越し、自分とは異なる他者の視点や価値を理解し、共有する。そこで構築されるのが「相互主観性」です。

共通の目的と異なる視点をもつ他者との対話によって相互主観性が生じなければ、知的創造は起きません。そして、そのような関係を築くには、相手の身体感覚を自分のものとして感じることで他者に共鳴できるような「心身一如《しんしんいちにょ》」の場が必要なのです。

かつては多くの日本企業に、当たり前のようにそういう場が存在していました。ところが現在は、「よい場」の減少が深刻な問題になっています。ICT（情報通信技術）が普及し、効率やスピードを優先させるようになったことで、直接顔を合わせて暗黙知を共有し、深く本質を追究するような対話ができなくなっている。

そんな現状に風穴をあける意味でも、「アジャイルスクラム」の発想は一つの突破口になりうるでしょう。

また、それを有効なものにするには、トップが部下に手本を示さなければなりません。かつてのように閉鎖的ではなく、もっとオープンなかたちで徒弟制度を復活させ、トップが手本を示したり、語ったりする場をつくる。まさに全人的に向き合い、受け入れ合い、共感し合う。ほんとうに豊かな暗黙知、共振、共感、共鳴――そのようなところから、相互主観性は生み出される。それが行動の原動力になるのです。

まずは動き、動きながら本質を考える。かつての日本人はみなそうで、明治維新期の脱藩志士も、死を求めて歩きながら、高度なインテリジェンスを獲得していきました。その気概をもう一度、日本人は取り戻し、ふたたび光り輝く時代に向かって歩むべきときなのです。

「日本的なもの」を素直に誇れる二十代を活用せよ

「個性」と「連帯」を両立させた日本サッカー

遠藤 功

野中先生にご紹介いただいた「アジャイルスクラム」は、ラグビーをイメージした発想でした。「個人とチーム」の関係性という意味では、私はそれに加えて、サッカー日本代表チームの躍進からも学ぶところが大きいように思います。

二〇一〇年のワールドカップ南アフリカ大会でベスト16に入った日本は、その後のアジアカップでも優勝を果たしました。私は彼らの戦いぶりを見て、「まだまだ日本人も捨てたものじゃないな」と感銘を受けたものです。

若い選手の多くは欧州の一流クラブでプレーしており、それぞれに強烈な個性をもっています。自分の強みが何であるのかを自覚して、ピッチ上でもその独自性を発揮している。

しかし、決してチームとしてのまとまりがないわけではありませんでした。個性的でありながら、どの選手も「オレがオレが」と独善的なプレーに走ることなく、結束して戦っていました。これまでの日本にもチームワークはありましたが、選手は同一性が高く、一人ひとりは没個性的で、それほど輝いていなかった。個人が弱いから、チームで戦うことを選択していたのでしょう。

でも、いまの日本にそれは当てはまりません。ある意味で異質性にあふれた個でありながら、高いチームワークとそれを支える規律がある。おそらくザッケローニ監督も驚いたのでしょう。報道陣のインタビューに答えて、「あれだけ個性的で強烈に自己主張できる連中が、ちゃんと掃除はするし、荷物も自分たちで運ぶ。その規律の高さはイタリア人ではありえない」と語っていたほどです。

そのさらに上をいったのが、先ほどもふれた「なでしこジャパン」。その伸びやかで躍動感あふれる戦いぶりは、悲壮感や根性論とは無縁でした。頂点に導いた佐々木監督は、組織プレーと個の力の両立をめざしていました。優勝後の朝日新聞の取材で、彼は「個人の力不足を組織で補うと、個人もチームも力が頭打ちになる。一対一の攻守など個人の強化でも妥協はしなかった」と語っています。

個性的でありながら、連帯がある――これからは日本企業にとっても、これがきわめて重要になるのではないでしょうか。多様な個性を連携させることで「チーム力」を高めることが、最強の組織をつくりあげるポイントになるのです。

サッカー選手にかぎらず、いまの若い世代はかなり強い個性をもっています。しかし一方で、日本人のDNAも受け継いでいるので、結束すべきときには結束できる。アメリカの場合は個人主義が強いので、たいがい「個性」が「連帯」に勝ってしまいますが、日本人はそれを両立させることができます。

また、いまの若い世代はグローバルな感覚ももちあわせていますし、社会貢献に対する意識も高い。そういう意味でも、非常にレベルの高い、希望のもてる人材が育っていると感じます。彼らがあらためて日本的な価値観を企業のなかで学び、それを活かすことができれば、サッカー日本代表のようなユニークな組織が生まれるのではないでしょうか。

日本しか知らない人間には「日本のよさ」もわからない

若い世代に対して、「むかしとくらべてハングリー精神がない」と苦言を呈する向きもありますが、これだけ社会が成熟し、経済的に豊かになったのですから、ある意味それは当然のことでしょう。それに、ハングリー精神がないぶん、精神的な余裕をもつことができるともいえます。余裕があるから、彼らは世界を冷静に、客観的に見ることができるのではないでしょうか。だからこそ、貧困や環境といった社会問題に対する意識も高くなる。そのあたりも含めて、旧世代とは違う価値観が育っていることは間違いありません。

たとえばボランティア活動の経験をもつ人の割合を比較したら、おそらく私の世代よりも、いまの学生のほうが圧倒的に高いでしょう。実際に若い人たちと話していると、そういった社会貢献に対する意識がむかしとはまったく違います。

ですから、「自分がお金持ちになるためにがんばろう」と声をかけても、おそらくいまの若い世代は反応しません。第1章で私は「エコノミック・アニマルになってお金を稼ごう」と言いましたが、その目的は自分が豊かになることではなく、日本を復興させることです。そのように「共通善」の目的を伝えられ、納得すれば、若い人たちはすぐに反応する。「何のために働き、稼ぐのか」という仕事の目的について、日ごろから深く考えている証拠です。

マザーハウスというベンチャー企業があります。バングラデシュで高品質のバッグを製造して日本や台湾で販売し、順調に成長しています。この会社の代表である山口絵理子さんが五年前に創業したときは、まだ二十代半ば。「途上国発のブランドをつくる」という理念そのものに、若い世代の大きな発想と可能性を感じます。

私が若いころは、お金を稼ぐことに理由など必要ありませんでした。働いて稼ぎ、いい生活がしたい、よりよい暮らしがしたい――こんな短絡的な動機だけで十分だったのです。

でも、生まれたときから豊かな環境で育った世代は、そう単純に考えることができません。「生きていくためにはお金を稼がないといけない」という動機づけだけでは、もう通用しない。とはいえ働くのがイヤなわけではなく、きちんとした目的意識を与え、納得させることができれば、彼らは一所懸命に働き、お金を稼ぐと思います。

しかもいまの若い世代は、日本という国に対する帰属意識ももっている。この点も、いまのミドル層とは違うところでしょう。

若いころから現在まで「失われた二十年」のなかで仕事をしてきた世代は、ビジネス環境がどんどんアメリカ化していったため、「日本的なもの」を否定する感覚が染みついています。そのため、自分の国に対する確固たるアイデンティティをもつことができず、何を拠《よ》りどころにして仕事をすればいいのか、わからないままミドルになってしまった人も多い。その意味で、この世代は「緩慢な衰退」の犠牲者ともいえると思います。

それに対して、いまの二十代は「緩慢な衰退」が始まった当初のことを知らないので、「日本的なもの」が否定されたという感覚がありません。さらに、グローバルに物事を考えることが当たり前の前提になっているので、「世界のなかでの日本の特質」に目が向きやすいのではないでしょうか。日本のことしか知らない人間には「日本のよさ」もわからないものです。

日本のよさに誇りをもち、それを活かして社会貢献したいと考える世代が出てきたことは日本企業にとって強い武器となりえます。新興国や発展途上国への進出も、それが現地の人々を豊かにすることにつながるのであれば、彼らは積極的な意義を見出します。

そういう人材を束ねて「チーム」として機能させられるかどうかは、野中先生がご指摘されたとおり、経営トップの腕しだい。

サッカーの話に戻せば、アジアカップでの優勝にはザッケローニ監督のみごとな指揮や采配も貢献しました。たとえば試合前には、「日本人は球まわしはうまい。しかし縦への意識が弱い。横はいいから、とにかく縦に行くことだけ考えろ」と指示していたそうです。そうやってプロデューサーがけしかけてくれれば、選手も楽しく試合ができる。

企業経営も同じでしょう。「ゴールに向かって縦に行け」——このようなメッセージを経営者が発信し、その意識が従業員に備われれば、必ず日本人は行動できるはずなのです。

第Ⅲ部

スティーブ・ジョブズに学ぶ「日本型」リーダーシップ

第7章

意思決定のスピードをいかに上げるか

社員をその気にさせる「大ボラ」を吹け

経営トップに必要なプロデューサー的資質

野中郁次郎

前章の最後に遠藤さんがご指摘されたとおり、これからの経営者には「プロデューサー」としての役割が求められると思います。

たとえばアメリカの海兵隊は一七万人もの隊員を抱える「陸・海・空」一体の大組織ですが、それをきわめて機動的に動かせる仕組みをつくりあげました。組織の規模が大きくなればなるほど、いかに「アジャイル」(俊敏性)を維持するかが大きな問題になるでしょう。

そのような機動性をもたせるうえで私が重要だと思うのは、「社長直轄」であることです。社長自身がビジョンを描き、直接、プロジェクト・プロデューサーを任命し、責任は自分が負う。そういうスピーディなシステムをとれば、日本の大企業もまだまだ大丈夫だと思います。

ちなみに、アップル社のスティーブ・ジョブズがやっているのがまさにそれです。これをソニーや日立、パナソニックなどがやれば、たいへんなことになる。最近、ソニーは「ソニーユナイテッド」と称し、執行役クラスを地域や部門を超えて横断的に配し、機動的に動く組織づくりを始めました。ソニーのような総合力のある大企業がそのように動くなら、もう鬼に金棒です。いまやインフラ事業などを貫徹するうえで、さんざん馬鹿にされてきた日本の総合力こそが強みになるわけですから。

ただし、そこで一つだけ問題となるのが、そのようなプロデューサー自体をこれまで日本は育ててこなかった、ということでしょう。いくら総合力があるとはいえ、そのような人間がいなければ、関係性の幅と深さのなかにある知を統合することはできません。

規模が大きくなるにつれ、組織は固定されて制度化していきます。しかし、その組織自体がプロセスであり、流れであるととらえれば、たえず万物が流転《るてん》するなかで、自在な組み合わせが可能になる。そのような動きのなかでタイムリー・ジャッジメントを行ってこそ、優れたトップであるといえるでしょう。

いずれにしろ、経営トップがプロデューサー的な資質をもっていなければ、イノベーションを起こすことはできません。前述したとおり、イノベーションには、「モノ」のイノベーションと「コト」のイノベーションがあります。「コト」のイノベーションの多くは、ビジネスモデルを指すと考えていいでしょう。アップル社、マイクロソフト社、グーグル社などが行ったのも、まさにビジネスモデルのイノベーションでした。

そして、「モノ」は目に見えますが、「コト」は「モノ」を媒介にしなければ認識できません。たとえば、音楽配信というビジネスモデル（＝コト）は、それぞれの好みに合わせた音楽を提供し、感動体験を与えるのが価値命題です。しかしｉＰｏｄのような「モノ」がなければその実現は不可能だし、全体の関係性を認識することもできない。そのような「モノ」を生み出せる力が、日本企業には備わっています。

ただし一方で、非常に優れた「モノ」が導入されたときは、その関係性をたえず認識し、意図的に広げていく視点をもたなければなりません。そのためには「これとこれがつながるのでは」と発想する、いわば「コト」レベルの関係性を読み取れるプロデューサー的な人間が不可欠です。日本は、そのような発想を強化していかなければならないだろうと思います。

もちろん、これまでの日本企業に「コト」のイノベーションができなかったわけではありません。先ほどご紹介いただいたセコムのケースは、まさにビジネスモデルのイノベーションです。公文（日本公文教育研究会）やセブン‐イレブン・ジャパンもそうでしょう。たとえその発祥が欧米にあったとしても、いまのビジネスモデルをつくりあげたのは日本です。

しかし全体的に見れば、やはり日本企業には「コンセプトづくり」の点で、やや弱い面があるでしょう。技術のコンセプトはありますが、それを大きな社会的コンセプトでくくりなおすことが、どちらかといえば不得手です。

「マネジメントは教養である」

最近のアメリカの経営者は、大きなイノベーションを起こそうとするとき、みずからプロデューサー的な役割を担うことが増えているように思います。ミドルや現場の人材をうまく登用して、チームをつくりあげていく。ジョブズやビル・ゲイツはもちろん、GEのイメルトCEOにしても、彼の直轄プロジェクトには大きなやりがいがあると聞きます。

そうしたプロデューサー型のリーダーには、場合によってはマキャベリ的な知性を活用したり、レトリックを巧みに使うなどして周囲をその気にさせるといった、繊細なプロセス・マネージが求められます。このあたりもジョブズは巧みで、いつの間にか他人の意見を自分の意見にしてしまったり、「もうできない」と言った人を鼓舞し、やらせてしまうのです。

じつは日本にも、かつてはそういうタイプの経営者がいました。松下幸之助さんも、そのようなマネジメントがうまかった。本田宗一郎さんやソニーの井深大さんが担っていたのも、じつはプロデューサー的な仕事だったのではないでしょうか。経営そのものを藤沢武夫さんや盛田昭夫さんにまかせていたのは、自分の役割は別のところにあると考えていたからなのだと思います。

いまの日本でも、そのような例がないわけではありません。たとえばトヨタのプリウス開発では、トップ自身はプロデューサーというよりも、みんなを煽《あお》ることに注力しました。内山田竹志さん（現・トヨタ自動車副社長）のようなチームリーダーを選抜しながらチームを支援したり、壁に追いつめてジャンプさせたりしたのです。

このような組織としての持続的イノベーションという伝統は、それこそ本田宗一郎さんや井深大さん、松下幸之助さんにまでさかのぼります。

彼らが備えていたのは人間的な幅の広い教養で、だからこそグローバルな視点をもち、関係性で物事を認識できた。しかしいま、そのような教養はきわめて軽視されています。ピーター・ドラッカーは「マネジメントはリベラルアーツ（教養）である」という名言を残していますが、それがないがしろにされてしまえば「モノ」の背後にある関係性の本質を読み取ることはできません。

チャレンジングなタスクフォースをマネジメントするには、ある意味で「大ボラ」を吹ける能力も必要でしょう。たとえば、いまＩＢＭは「スマーター・プラネット」（賢い地球）なる構想を唱えています。まさに大ボラ中の大ボラだと思いますが、そうした強い思いで世界を変えるというビジョンを発信し、巧みなレトリックで社員をその気にさせるのがプロデューサー的リーダーの仕事です。

そこでは、全人格を懸けたレトリックが必要になるでしょう。レトリックというと「口先のテクニック」という悪い印象を抱く人もいますが、古代ギリシアにおいて、修辞学は教養の重要な一部でした。演説で言葉を駆使し、群衆を煽る。塩野七生さんの『ローマ人の物語』はまさに、そのようなレトリックの歴史ともいえるもので、あのプロセス自体がリーダーシップの研究に役立ちます。しかし、いまの日本のリーダーには、本格的なレトリック力の持ち主があまり見当たりません。

韓国や中国をはじめとするアジアの国々にくらべると、日本企業は明らかにスピードが緩慢です。それが劣勢に立たされる一要因になっていることは間違いありません。

たとえば中国は共産党が一貫した教育を行って、一〇人前後でほとんどすべてを決めてしまう。韓国のサムスンも李健熙《イゴンヒ》会長のもと、意思決定が圧倒的に速い。ところが日本企業はトップが間接コントロールを考えてしまうので、そうしたスピードが得られません。年齢的にあまりにもトップヘビーになっていることも、その一因でしょう。また、せっかくトップの若返りを果たしても、内向きなタイプが多いせいか、「直轄統治」をしようとしない。

グローバルに生きていくつもりなら、間接コントロールをしている暇などないのです。

事実、今後、世界の中心になると言われるアジアのリーダーはみな若い。たとえばタイに、サイアムセメントという王族がつくった国営企業的な会社があります。かつてはまさに官僚型の組織でしたが、現在では海外展開を見据えることで大いに若返りました。

海外展開には人材育成が不可欠ですが、アメリカのメジャーなビジネススクールはタイの人間を相手にしません。そこで、トップみずからアメリカのビジネススクールをまわって人脈を築いた。そういった行動力を年配者に求めるのは難しいでしょう。グローバルに打って出ようというとき、やはり体力は肝心です。

ちなみに、サイアムセメントはアライアンスも含めて日本企業との関係性が非常に強い。シンガポールの最先端の研究所であるＡ＊ＳＴＡＲ（科学技術研究庁）も、日本の理化学研究所と協力関係にあります。Ａ＊ＳＴＡＲのマネージャーによれば、日本企業はツーカーでいけるからスピードが速くてよい、逆に欧米とアライアンスするとコーポレート・ガバナンスの問題で時間がかかってしかたがないとのこと。日本企業も海外ではそのようにふるまえるわけです。

ところが国内に帰ると、とたんにスピードが落ちてしまう。そこに、これから打開すべき一つの壁があるように思います。

「職場」という単位に回帰せよ

コンセンサス重視の弊害

遠藤 功

東日本大震災をきっかけに、日本では多くの業界で再編成が加速することでしょう。合併や買収なども増加し、結果として、弱者は淘汰《とうた》される可能性が高い。最後は、体力と知恵のある企業だけが勝ち残る。それ自体は合理的なプロセスであり、中長期的には日本の産業力を強化するはずです。短期的には苦しい思いをする企業も出てくるわけですが、そこはそう割り切って考えざるをえません。

ただし、業界再編だけで国際競争力が高まるわけではないのも確かです。世界中の手強い競争相手と戦って勝ち残るためには、「日本発のイノベーション」を継続的に生み出す必要があります。

したがって、野中先生のおっしゃるとおり、「モノ」のイノベーションと「コト」のイノベーションのあいだを埋めることは、きわめて大事だと思います。技術を理解している人は「iPhoneやiPodは既存技術の組み合わせにすぎない」とよく言いますが、技術を組み合わせたうえで一段上の関係性を生み出すことは、日本人はあまり得意ではないのかもしれません。

ただ幸いなことに、日本の経営者も少しずつ若返りをしつつあります。四十代の社長も次々に誕生していますから、新しい「コト」のイノベーションを起こすうえでは明るい兆《きざ》しだといえるでしょう。

しかし問題は、いかにスピード感を保つかということ。私も、それが日本企業の最大の課題だと思います。ある企業の方からも、少し前にこんな言葉を聞きました。

「サムスンなどは、どうしてあれだけの短期間に大きな成果をあげることができるのか？　それにくらべれば、わが社はすべてにおいて時間がかかりすぎる。それを変えないと、まともに戦えない」

日本の企業には、コンセンサスを重視する傾向があります。それも日本的経営の一面なので、完全に否定するつもりはありませんが、それを優先するあまり、あまりにも意思決定に時間がかかるのは問題です。

コンセンサスが意味をもつのは、たとえそこに時間を費やしても、ひとたび合意が得られれば一致団結して事に当たり、トータルで見ればよりスピーディに目的を達成することができるからです。コンセンサス自体が目的化してしまい、根回しばかりに気を取られ、決断を先延ばしにするのでは、なんの意味もありません。

いろいろなところに目配《めくば》せするから、資源配分も中途半端なものになる。そういうやり方は、おそらく、これからは許されない時代になるでしょう。日本企業がアジャイルな組織に変身するには、意思決定のスピードを上げるとともに、思いきった傾斜資源配分を実行しなければなりません。そうした決断は決してコンセンサスからは生まれてきません。

小さなヒントを大きなコンセプトに昇華させるセンスや能力

また、継続的なイノベーションを生み出すリーダーシップのあり方を考える場合、いかに「現場」のやる気を引き出すかということも考えなければなりません。

日本の「現場力」は、絶え間ない「改善」をくりかえすことに本質があるのではないと私は思います。むしろ、その「改善」という連続的なプロセスを通じて「不連続の価値」を生み出すことこそが、その本領でしょう。

たとえば北海道の旭山動物園は、「行動展示」というイノベーションを起こしたことで一躍有名な存在になりました。現場の飼育係員の知恵やアイデアが連続的に生まれることによって、「行動展示」という革新的価値の創造につながりました。

あるいは、GPSを使ったコマツの建機遠隔管理システム「KOMTRAX」は、中国での盗難防止対策という現場の知恵から生まれたもの。それがいまでは、世界中の需給調整や回収管理を行う大きな差別化を生む仕組みになりました。

こうした成功例を見ると、イノベーションにつながる最初の「点」は現場にあることがわかります。現場に何か困った問題が生じ、それを解決するために知恵を絞る。それが連続することによって、やがて大きなコンセプトに昇華していく。このような「現場発のイノベーション」こそが、日本流のイノベーションだといえるでしょう。

そこには、アメリカ型のイノベーションに見られる華やかさやスケール感はないかもしれません。しかし、地に足の着いたイノベーションだからこそ、継続的な進化を遂げることも可能なのです。

「木を見て森を見ず」とよく言われますが、私から見ると「木も見ていない」「見ようとしない」ことのほうがよほど問題です。しっかりと「木を見よう」とすれば、枝葉や根っこも見えてくる。そうすれば、そこからどんな森なのかが見えてくるはずです。

旭山動物園を奇跡の人気動物園に変身させた小菅正夫前園長は、その著書のなかで「『井の中の蛙《かわず》大海を知らず』ということわざには続きがある」と指摘しています。それは「されど天空の深さを知る」。「狭い」からこそ「深さ」につながるのです。

そこで重要なのは、現場に落ちている小さなヒント（点）を大きなコンセプトに昇華させるセンスや能力です。その現場力を磨き上げるには、単純にコンピテンシーなどの一般的なものさしで人材を評価するのではなく、一人ひとりの個性を人間対人間の関係性のなかで見極めることが大事です。

そう考えると、最近の日本企業が「職場」という単位を忘れかけているように見えることが気になります。日本企業にとって「職場」はとても重要な枠組みであり、そこからさまざまな関係性が生まれ、情緒的なつながりができる。その「職場」の長が、課長クラスのミドルです。

日本的な「知の創造」は、まさに「職場」という〝場〟で起こります。ミドルがみずからの「職場」を活性化し、密な関係性を構築して、地に足の着いたイノベーション創造を行う。これこそが日本の「現場力」です。

政治学者の中西輝政先生は、日本には「民力」という類まれなる優位性がある、と語っていらっしゃいます。他国の国民はみな「被支配者」という意識をもっているのに対して、日本人はよきにつけ悪《あ》しきにつけ、そのような意識がない。それが日本の現場なり民力をかき立てる重要な要素になっている——このような議論です。

まさに同感です。日本企業における「経営」と「現場」は、支配―被支配の関係にはありません。一体感こそが日本の優位性です。

そして、日本には世界に誇るべき暗黙知や現場力という強みが存在します。リーダーは現場を鼓舞し、その強みを引き出すために、「いっちょう勝負しよう」とファイティングポーズをとることが必要なのです。

第8章

優秀なミドルをどう育てるか

リーダーは自分の夢や失敗談を語れ

適切な評価と内省を循環させる徒弟制度

野中郁次郎

実践知経営にはトップの判断だけではなく、ミドルの力が不可欠だと思います。現場で実際に新しい関係性を構築して、新たな価値を生み出すプロデューサーとなるのは彼らです。また、その能力をもったミドルは将来のトップ候補でもあります。

GEのイメルトCEOも「企業経営者としてもっとも重要な仕事は次世代のリーダーを育てること」と述べていますが、どんなに偉大なトップもやがて年老い、判断力を行使できなくなる日が来るのですから、それも当然でしょう。

では、そのようなミドルをどのように育成するのか。

まず「知」のプロデューサーには、「白か黒か」の二元論ではなく、白と黒を状況に応じて使い分ける判断力、さらには白も黒も超えた新しい解答を見つけ出す総合力が求められます。

これは、そう簡単には身につきません。そのため、いまの日本企業は、そうした能力を育てるのではなく、能力がなくても「白か黒か」を機械的に選べるようなルールを定める方向に進んでいるように見えます。

しかし、これはきわめて安易な選択であり、せっかくの知を劣化させることにしかなりません。みずから付加価値を創出できる人材は育たず、変化しつづける状況に迅速かつ柔軟に対応することもできないでしょう。知のプロデューサーには、知の作法としての「型」と教養の習得が不可欠なのです。

ここで言う「型」とは、理想的な動作の核になるものですが、決まりきった動作では決してありません。むしろ、つねに現実からのフィードバックを受けることによって、創造的に自己革新をしながら理想に近づいていく方法です。トヨタ自動車の「なぜを五回くりかえす」やキヤノンの「全体最適」、ホンダの「三現主義」（現場で現物を手にとって現実を知る）など、優れた日本企業の多くは本質追究の「型」をもち、それを習得するなかで自然と知識創造の方法論を身につけられるようにしてきました。

また、リーダー育成は座学だけではいけません。リーダーの仕事を直接体験しながら、適切な評価と内省を循環させることができるような徒弟制度が必要だと思います。

大いに飲み、議論し、ケンカをする

プロセスのマネジメントは、マニュアルでは表現できません。人と人との関係性のなかで知が生まれるかどうかは、リーダーの立ち居ふるまいと関係します。

実際、日本のイノベーション・プロセスを見ると、思いをもった人間と、それをたえず見守りながらバックアップするメンターがペアになっている。たとえば、トヨタの優れたプロジェクトリーダーに会うと、そのような組織力を感じます。「遊び心のある人」や「デザイン力のある人」などといった具合に、多面的な人材をそろえているのです。

かつては、そのような役割を人事部門が担っていました。現場を遊弋《ゆうよく》したり、いっしょにお酒を飲んだりしながら、さまざまな角度から人材発掘を行っていたわけです。くりかえしになりますが、イノベーションとは人それぞれの主観や思いから生まれます。大事なのは、その個々の主観をいかに共通の主観＝相互主観性の状態へと効率的にもっていけるかです。

そのプロセスを「ワイガヤ」と呼んだのがホンダです。彼らはプロジェクトチームになると、必ず三日三晩くらいかけて大いに飲み、議論し、ケンカをする。場所は温泉地と決まっていて、途中でどこかへ逃げることもできないと聞きました。

あらためて強調しておきますが、相互主観性とは、このようにして身体が共振、共鳴、共感し合わなければ生まれないものです。フランク永井の『おまえに』という歌に、「そばにいてくれるだけでいい」「黙っていてもいい」というフレーズがありますが、あれこそ身体がお互いに共振、共鳴、共感して、意味を生み出している状態でしょう。そのように全人的にふれあうことではじめて、「俺とおまえ」という関係性を構築できる。そのような「場」を、日本企業はもう一度つくっていかなければなりません。

かつては、ミドルマネジメントが非常に戦略的なポジションをとっていたのが日本経営の特質でした。それによって、トップのビジョンとフロントの実践力をスパイラルアップする「ミドルアップダウン」が成立した。

これは非常に難しい、アートの領域です。その実践には、やはりトップが夢を語り、ミドルを鼓舞しなければなりません。

スティーブ・ジョブズは、これを地で行く経営者です。いわば「現実歪曲《わいきょく》空間」に社員を引き込み、「ひょっとしたら、できるのではないか」という気にさせる。日本ではユニクロの柳井正さん、古くは本田宗一郎さんもそのタイプでした。

本田さんがみかん箱の上に立って、「いつかマン島レースで優勝する」と言ったとき、「親父、給料もまともに払えないのに何言ってるんだ」と社員は思ったそうです。しかし話を聞いているうちに「やれるんじゃないか」という気分になってくる。

そういったレトリックを含めたリーダーシップがトップになければ、ミドルアップダウンは成立しません。トップが即興を演じたら、ミドルもその即興に乗る。そういうミドルは部下を乗せるのもうまい。このようなダイナミズムこそが重要なのです。

ところが、いまやトップもミドルもみずからの体験を語りません。社長が失敗談も含めて、全人格的に体験を明らかにする場をつくらない。だからミドルも遠慮する。

私たちのころは「ああいう課長になりたい、部長になりたい」と思える理想の上司が必ずいたものですが、全身全霊で部下と向き合って信頼を得なければ、そう思われないのも当然でしょう。

現場が元気な会社は「ノリ」がいい

成功している課長は「はみ出す」ことを恐れない

遠藤 功

私は二〇一〇年に『課長力』（朝日新聞出版）という本を出しました。これまで日本の屋台骨を支えてきた「ミドル」がいま、大きな問題を抱えているように思えてならなかったからです。多くのミドルが会社のあり方に対して、えもいわれぬ不安を感じ、したがって活性化しない。当然そこからはプロデューサーも生まれません。

その本では「突破」が一つのキーワードでした。閉塞的な状況を突破して大きな成果をあげている課長たちを取材してみると、彼らが組織内で大きくはみ出し、躍動的に動いていることがわかります。しかも、そのはみ出し方が半端ではありません。上も下も横も斜めもはみ出して、自分が正しいと信じる仕事の実現に必要な人材を巻き込んでいく。組織の〝ヘソ〟である課長が縦横無尽に組織を動かし、創造や改革をリードしているのです。

では、なぜ彼らにそんな行動ができるのか。それは、やはりトップがけしかけているからです。組織内ではみ出すのは勇気がいるし、面倒でもある。それでもトップが後押ししてくれるから「やろう」という気になるのです。

そんな実情を知ると、やはり舞台で主役を演じるのは現場やミドルであって、彼らに必要な役割を演じてもらい、全体を俯瞰《ふかん》しながらマネジメントを行うのが経営者の役割だと痛感させられます。日本のミドルには高い潜在能力があるのですから、トップがその役割を認識し、個人の直観を信じて突破させられるかどうか、これがカギなのでしょう。

実際、自分を信じてチャレンジし、成功を収めた課長たちに共通しているのは、彼らが社長や役員クラスと密接な関係性を築いていることです。

課長たちをその気にさせている経営トップの言動には二つの共通項がある。一つは「おまえが必要なんだ」と言うこと、もう一つは「俺が責任をとるからやってみろ」とけしかけることです。この二つの言葉が課長を鼓舞し、チャレンジする意欲を湧かせている。

しかし日本企業全体を見渡した場合、残念ながら、関係性や情緒性が希薄化するにしたがって、うまく火を点《つ》けられるリーダーが減っているようにも思えます。ここをなんとかしなければ、日本流の継続的なイノベーションは停滞してしまうでしょう。

先ほど、イノベーションにつながる最初の「点」は現場にあるというお話をしましたが、その現場にもっとも近い場所にいるリーダーがミドルにほかなりません。現場の「点」を革新的な「コンセプト」にまで昇華させるのは、彼らの役割です。そこでミドルが「はみ出す」のを恐れていたのでは、「点」が「点」のままで終わってしまいます。

たとえばヤマト運輸の「クール宅急便」というサービスも、放っておけば「点」で終わっていたかもしれません。おそらく現場では、生鮮食料品の小包をもってきて「これは送れないの？」と聞いてくるお客さんが相次いでおり、その対応に苦慮していたのでしょう。そんな現場の声を吸い上げ、新しい事業のコンセプトに昇華させたのは、現場感と事業センスを兼ね備えたミドルだったのです。

あるいは富士フイルムのヒット商品「写ルンです」も同じでしょう。「レンズつきフィルム」というコンセプトは、まさに現場における逆転の発想です。かつて日本企業が生み出したイノベーションには、「現場の匂い」がプンプンするようなアイデアが詰まっていたものです。

「遊び心」を仕事にもちこむ余裕がなくなった二十年

そうしたクリエイティビティの喪失とミドルの劣化が、私には軌を一《いつ》にして起きたような気がしてなりません。「失われた二十年」は、日本企業でミドルが元気を失った歴史であり、日本発のイノベーションが衰退していく歴史でもありました。

別の言い方をすれば、それは現場の「ノリ」が悪くなった二十年ということになるでしょう。「クール宅急便」にしろ「写ルンです」にしろ、「それおもしろいから、やってみよう」というノリのよさが組織にあったからこそ生まれたものだと思います。一九八〇年代までの日本企業には、そんな「遊び心」を仕事にもちこむ余裕がありました。そして、それが組織に大きな「熱量」(エネルギー)をもたらしていました。

ところが九〇年代に入ると、アメリカ的な合理主義がどんどん入ってきて、ムダを徹底的に排除する風潮になった。効率や法令遵守を厳しく要求されれば、現場は窮屈な空気になります。「生ものでも、工夫すれば配達できるかも?」「だったらフィルムにレンズつけちゃえばいいじゃない」といった「ノリのよさ」は生まれてきません。

いま元気のよい会社を見てみると、やはり八〇年代を思わせるような「ノリ」のよさがあります。金銭的な報酬やみずからの昇進のためではなく、みんなが心の底から仕事を楽しんでいます。

その代表ともいえるのが、「ガリガリ君」で有名な赤城乳業です。毎年二五〇種類もの新製品を出しているのですが、なかには「カレーアイス」「ラーメンアイス」のように冗談としか思えないものも少なくありません。

しかし、そんな「遊び心」があるからこそ、単価わずか六〇円の商品ながらも一〇〇億円の売上を達成できるのだと思います。最近、総額一〇〇億円もの投資を行い、新工場を建設しました。アイスクリーム単体工場としては日本一の規模です。業績好調とはいえ、かなり思いきった経営判断です。井上秀樹社長の「ノリ」のよさが会社全体に波及しています。

ちなみに赤城乳業には、二〇以上の「委員会」があります。新製品のコンセプトを考える委員会や、そのネーミングを考える委員会などがあり、社員はみずから手を挙げてそこに入る。そこで委員長を務めるのが、課長や課長代理といったミドルたちです。

これも、社内の「ノリ」をよくしている要因の一つでしょう。それぞれの委員会で決めたことは、その委員長が「答申」というかたちで役員会に報告します。まさにミドルがエンジンとなって、会社を牽引《けんいん》しているのです。

日本企業の未来をつくるのは間違いなく四十代以下のミドル層です。それも、いわゆる「管理職」としてのミドルではありません。いまミドルに問われているのは、「プレーヤー」として何をするかなのです。いま元気な日本企業はどこも、新たな創造や変革の主役としてミドルを前面に押し出し、「企業内事業家」として機能させています。

そうした例は、赤城乳業だけではありません。前述の富士フイルムは、新製品を企画開発した技術畑の課長がみずから事業部に移り、その製品の販路整備や顧客開拓に取り組んでいます。つまり、開発から販売まで一貫してミドルにまかせているわけです。

こうした「舞台」をミドルのために用意し、環境を整備するのが、経営トップの仕事にほかなりません。ミドルを育て、ミドルを煽り、ミドルを活かす——日本型リーダーシップの真髄はそこにあるのです。

第9章

賢慮型リーダーの条件

「ディシジョン」ではなく「ジャッジメント」

ルールなんて破るためにある

野中郁次郎

　トップが悪い企業は、ミドルが踊りません。そしてミドルが現場のプロデューサーとしての活力を失えば、その下にいる若手社員も踊らない。結局は組織全体が活性化せず、個人の主観が相互主観性にまで高められることもないわけです。

　若い世代の社員は往々にして「主体性がない」「自発性に欠ける」などと批判されますが、じつは上司から無理やりにでも「いっしょにやろう」と言われるのを待っているのではないでしょうか。

それに、部下の自発性を上司がつぶしている可能性もあります。というのも、最近の上司は部下が何か新たな提案をしたときに、「大丈夫か？」としか言いません。これでは「大丈夫です」と答えた時点で、失敗の責任を負わされかねないと気持ちが萎《な》えてしまう。部下のチャレンジを促すには、「大丈夫か？」ではなく「大丈夫だ！」と言わなければいけないのです。

「万が一失敗しても、骨を拾ってやる」

上司がそんな台詞《セリフ》を口にしてくれるような職場なら、若者のノリもよくなるのではないでしょうか。

また、「スクラム」はその言葉どおり、身体的なふれあいがキーポイントになるのですが、それは物理的な接触だけを意味するわけではありません。「目でふれあう」ことも含まれます。目と目を合わせて向き合うだけで、人間は全人的にふれあうことができる。ですから、たとえば自衛隊の訓練でもアイコンタクトを重視します。

これについては、先輩が「俺の目を見て話せ」と教えなければなりません。むかしの会社では、酒を飲みながら日常的にそんなコミュニケーションがとられていました。ところがいまの組織では、ミドルが遠慮して教えようとしない。みんな「最近の若者は人の目を見て話をしない」などと文句を言いますが、悪いのは若者ではなく、そうした全人的な接触を回避しようとする指導者のほうでしょう。

その背景には、パワハラやセクハラといった人間関係にまつわる概念の流入もあるので、リーダーやミドルの側にも同情すべき面はあります。ハラスメント自体を肯定するつもりはありませんが、それを過剰に避けようとすれば、他人との接触に消極的にならざるをえません。「ちょっと一杯つきあえ」と声をかけることさえ躊躇《ちゅうちょ》してしまうわけです。

しかし、人が動くかどうかを決めるのは、法律でもなければ、科学的な分析でもありません。最後は、リーダーが心に秘めている「志」しだい。理念なくして不可能に挑戦しようとしても、その思い自体がなかなか持続しません。

ここまで述べてきたとおり、いまは日本企業にさまざまな追い風が吹いています。コンプライアンスに過剰にとらわれることなく、その壁を破ってみるべきでしょう。アメリカのベンチャー企業は、まずルールを破ると言います。破ってみてから、周囲の反応を見渡して、どこまでいけるかを判断する。
「ルールなんて破るためにある」くらいの気構えをもつことが大事なのです。

重要な判断に多くは要らない

最後に、不確実な時代に求められる賢慮のリーダーがもつべき能力を六つにまとめておきましょう。

(1)「よい目的」をつくる能力
(2)「場」をつくる能力
(3)現場で本質を直観する能力
(4)直観した本質を概念化し、表現する能力
(5)概念を実現する能力
(6)賢慮(フロネシス)を伝承、育成し、組織に埋め込む能力

目的の実現には、必ず困難がともないます。しかしリーダーは、たとえ強い反対にあったとしても、あらゆる手段を駆使してそれをやり遂げなければなりません。ときには、清濁《せいだく》併《あわ》せ呑《の》むような政治力を発揮する必要もあるでしょう。そこも「サイエンス」では割り切れない部分です。

そして、一連のプロセスを通じて自分の実践知を人々に伝承し、組織のなかで育成する。これが、賢慮型リーダーのあるべき姿です。

重要な判断を行うとき、あまり多くの要素は要りません。大切なのは、ごく少数の「これだ!」と思えるものが洞察できるかどうか。それを見極めるためには、過去の経験と知識の両者が必要です。

たとえば夫婦仲の良し悪しを判断するとき、当事者の二人が卓球をしている姿を見ても何もわかりません。二人で深刻な話をしているとき、お互いに顔を見ているかどうかですべてが決まります。

そこでは、命題を立てて考える「演繹」ではなく、現実に基づいて考える「帰納」が重要となる。ただし帰納法は必ずしも正解が出るとはかぎらないから、たえず反省しながらフィードバックする。でも普遍的な善が何かはわかるから、そこに向かって一歩ずつ進んでいく――これが職人道とも言うべき日本の強さです。

これまでは、ディシジョン・メイキングの能力がリーダーの条件とされていました。しかし、いま求められているのは、その時々の関係性や文脈を読み取り、タイムリーに最善の「ジャッジメント」を下す能力です。

この言葉はアメリカでも注目されており、オバマ大統領も「ディシジョン」ではなく「ジャッジメント」を多用しています。

「ディシジョン」は、アルゴリズムやプログラミングさえ正しければ、コンピュータにもできるかもしれません。けれども、現場で生じる具体的な事象の背後にある本質をつかみ取り、普遍的なコンセプトに結びつけてジャッジするのは、実践知に優れたリーダーにしかできないことなのです。

リーダーが個人として血肉化している実践知を組織内に伝承、育成していくことによって、そのチームには「集合実践知」が醸成《じょうせい》されます。これは、あらゆる事象に弾力的に対応し、イノベーションにつなげることのできるしなやかな組織づくりに役立つでしょう。それこそが新時代の徒弟制度のかたちであり、日本発のイノベーションをもたらすのだと思います。

危機に直面したときの行動で企業の品格は決まる

「ＯＪＴ」を見なおそうとする動き

遠藤　功

先ほど紹介した赤城乳業をはじめとして、いま元気な会社を見ていると、経営者が仕事を「お祭り」にしているような印象を受けることがしばしばあります。

「これは祭りだから、楽しんでこい」——そんな心地よい雰囲気をつくりだしているから、社員も楽しそうにいきいきと働いており、「やらされ感」もない。それこそ社員を海外に送り込むときにも、行き先がインドであれアフリカであれ、「こんなにワクワクすることはないじゃないか」と煽って送り出すわけです。

組織に勢いをつけるために、このような発想は非常に重要で、ひいてはそれが日本経済の活力にまでつながっていくのではないでしょうか。

経営者が「ノリ」をよくするための環境づくりを考えている会社と、そんなことは意識せずに理屈だけで攻めていく会社とでは、組織の勢いがまったく違う。たとえ目先の業績が悪くても、「ノリ」のいい会社はやがてよくなるだろうと思えます。逆に「ノリ」の悪い会社は、いまはよくてもやがてダメになるのではないかと感じてしまうわけです。

いまサントリーが元気なのも、やはり佐治信忠社長が同社の理念である「やってみなはれ」精神を実践しているからでしょう。だから、ビール部門もウイスキー部門も「ノリ」がいい。「ノリ」は伝染するのですから、一つの「ノリ」が波のように伝わって、組織全体が元気になっていきます。

そういう意味でも、野中先生がおっしゃるとおり、リーダーがときに「大ボラ」を吹くことはたしかに大事だと私も思います。ただし同じ大ボラでも、社員を鼓舞することもあれば、逆効果になることもありえます。

たとえば、かつて三洋電機（現・パナソニック）が「シンク・ガイア」（地球環境重視）というビジョンを提唱したことがありますが、その概念自体はたいへんすばらしかったにもかかわらず、社内に浸透したとはいえませんでした。当時の同社の会長は、まさに大ボラを吹いたけれど、ミドルは踊らなかったわけで、やはり何かが欠けていたのでしょう。

それは、先ほど野中先生が挙げた六つの能力に照らしていえば、おそらく「現場で直観した本質を概念化し、表現」したものではなかったからだろうと思います。つまり、現場での体験に基づく「実践知」ではなかった。リーダーが個人として血肉化したものではなかったと言ってもいいでしょう。要するに、リーダーに「身体性」が欠けていたのです。

この「体験」や「身体性」の大切さを考えると、最近、日本企業で「ＯＪＴ」を復活させる動きが高まっているのはよい傾向だといえるでしょう。

これまで日本企業は、フラット型、ネットワーク型の組織を導入して、意思決定を速め、権限委譲を行ってきました。ところがその結果、縦の関係が希薄になり、人が育たなくなった。そこでもう一度、経験する場を与えるために、ＯＪＴが見なおされているのです。たとえばトヨタでも、係長制度や班長を復活させたりしています。

ＯＪＴとは、日本的な言葉で言うなら「面倒をみる」ということでしょう。人が人の面倒をみる。面倒をみられた人間が、また別の人間の面倒をみる。日本は「失われた二十年」のあいだに、こうした関係性づくりの面を軽視してきたために、現場の「ノリ」も失われてしまったのです。

このような動き自体は健全な方向転換だと思うのですが、問題もないわけではありません。

自分自身が若いころにそのような指導を受けていない人間が、若い社員を相手にＯＪＴを行うので、どう接してよいかわからない。仕事をまかせることができず、結局、自分ですべてをやってしまう。

ＯＪＴは「on the job training」の頭文字ではなく、「Ｏ（おまえ）、Ｊ（邪魔だ）、Ｔ（立ってろ）」という意味だと言われていました。後輩に「そのへんに立ってろ」と厳しい口調で叱る真意は、「俺は教えないから、自分で盗め」というサインでした。

ところが最近は、ほんとうに邪魔だから「立ってろ」になってしまっている。これでは、人の面倒をみることにはつながりません。

政治が期待できないなら企業がやるしかない

そんなことになってしまうのは、つまるところ、教える側にリーダーとしての自信や自覚が不足しているからでしょう。部下に「こうしたい」と言われたときに、本来なら「大丈夫だ。やってみろ！」と励ましてやるべきなのに、「大丈夫か？」と質問してしまう上司も同じです。

やや話が飛躍するように思われるかもしれませんが、東日本大震災でも、日本の政治リーダーが、みずからの経験に根ざした強い自信と覚悟をもちあわせていないことが浮き彫りになりました。日本の「現場力」が信頼に足るものであることが再認識されたのとは対照的です。

そもそも震災以前から、産業に対する政治のリーダーシップは心許《こころもと》ないものでした。

グローバル経済のなかで、国家どうしもまた競争をしているのですから、本来なら政治もソロバン勘定ができることが大事でしょう。

たとえば韓国の仁川《インチョン》国際空港から中国に直行する路線は、なんと三一もあります。成田空港から中国への直行路線は半分以下の一五にすぎません。韓国―中国路線の多くは、中国ビジネスを拡大しようとするサムスンが韓国政府に働きかけたことで就航したもので、政府もまたサムスンに全面協力している。

前に野中先生もご指摘されたとおり、かつて日本に経済成長をもたらした「通産モデル」を、いまはライバル国が採り入れています。世界中で官民一体の流れができつつあるなかで、日本だけが縮み志向になっているように思えてなりません。

震災後も、本来なら政治のリーダーが未来を語り、ビジョンを打ち出すことで国民の「ノリ」をよくする努力をすべきであるにもかかわらず、そんな力のある言葉はまったく聞こえてこないのです。

そこに期待できないとなれば、やはり日本企業が世界に向けて、もう一度ファイティングポーズをとり、希望のある国づくりに汗を流す以外にありません。

幸い、多くの日本企業のトップは、震災後にも立派な言動を見せています。たとえばパナソニックの大坪文雄社長は、「原発事故の影響で生産を海外にシフトさせるつもりはあるか」という質問に対して、こんなふうに答えました。

「原発の問題が起きたからといって、さっさと逃げようという渡り鳥的な経営でいいのか。そんなことをする会社を、進出する先の国の人々も歓迎はしないだろう。危機に際してどう行動するかで、企業の品格は決まる。私たちは、底の浅い経済合理性で動く会社だとは批判されたくない」

まさに地に足の着いた、頼もしい発言だと感じます。

自己利益のみを追求するのではなく、社会とのつながりのなかでパブリックな「共通善」の実現をめざす姿勢が、そこにはある。この震災が「緩慢な衰退」を加速させるのか、あるいは衰退と決別する契機になるのかは、こうした自覚をもつリーダーがどれだけ登場するかにかかっているのです。

終章

リーダーはつねに現場とともにあれ

遠藤 功

「中央」と「現場」の鮮烈なコントラスト

いまだ予断を許さない福島第一原子力発電所の事故も含め、東日本大震災の影響は現在進行形で進んでいる。その一方、発生から数カ月もたたずして明らかになったこともある。

本章でも述べたが、それは、日本は「民の国」であり、そして「現場の国」である、ということだ。

未曾有《みぞう》の被害と絶望に襲われながらも、被災した人々は驚異的な忍耐強さ、冷静さを保ち、団結・結束して、この難局を乗りきろうとしている。まさに日本の「民」の心性の高さが、浮き彫りになったのだ。

それは地域社会の強さ、まとまり、団結力でもある。つまり「民の国」とは「地域の国」でもある、ということだ。

また同時に、被災地における日本の組織や企業の「現場」の力強さ、逞《たくま》しさも遺憾《いかん》なく発揮されている。メディアでは被害の悲惨さばかりが強調されたが、その裏には、想像を絶する困難な状況のなかで、なんとか事態を打開しようとする現場の高い使命感、そして懸命の努力がある。

これもくりかえしになるが、被災からわずか二週間ほどで、東北地方における陸・海・空の幹線物流網は、その九割が復旧した。津波であれだけの被害を受けた港湾も、一五港すべてが三月二十四日までに開港した。

物流を担うヤマト運輸、佐川急便も震災後二週間で、一部の被災地を除いて全国網の宅配便集配サービスを復旧させた。あれだけ甚大な被害にあいながら、まさに驚異の復元力である。その支えになっているものこそ、被災地や、彼《か》の地の支援に出向いた日本の「民」であり、「現場」なのだ。

この数カ月のあいだ、「国」や「中央」のあまりのだらしなさに憤《いきどお》りを覚えなかった人は少数だろう。その無能さが露呈する一方、「民」や「現場」の質の高さが際立った。東京電力の原発事故対応にしても同じだ。杜撰《ずさん》で統率力と責任感に欠けた「中央」のレベルの低さが明らかになり、「フクシマ50」と呼ばれる現場の人々の命を懸けた勇気と努力が輝いた。それは鮮烈なコントラストだった。

「平時の現場力」の重要性

被災地の現場で起きていることが、私のところにも情報として寄せられている。本章でも、バイタルネットの物流センターで本社の副社長みずからが出庫作業に当たっていた姿や、サンドビックの工場で日ごろの「5S活動」が早期の操業再開につながった話を紹介した。

このバイタルネットについては、震災直後にもかかわらず、一刻も早く医薬品を病院に届けようとする営業マンたちの必死の努力も伝わってきた。彼らは医薬品をなんとか届けようと、傷《いた》んだ道や冠水した道をクルマで走り、病院へと急いだ。停電のため夜になると真っ暗になる道を、みずからの危険を顧《かえり》みず、使命を果たそうと懸命の努力を続けたのである。

彼らの多くも被災者であり、家族や親戚が甚大な被害にあった人も大勢いる。それにもかかわらず、自分たちの使命を優先し、被災地を必死に支えている。これを「現場力」と言わずして何と言おう。「この会社に勤めていることをあらためて誇りに感じました」。状況を伝えてくれた私の教え子はそう語った。

こうした事例を、メディアはなかなか取り上げようとしない。目に見える被害がなく、ニュース素材として「おもしろみ」に欠けるからだろう。しかし、何も起きない、何も起こさせないこと自体が、私に言わせれば「本物の現場力」である。東電には、この力が根本的に欠けていた。

それは「平時」の地道な取り組みだ。平時の「現場力」が「有事」に活きることを、東日本大震災は私たちに教えてくれた。あれだけ広範囲の被害をもたらした震災のなか、脱線や電車に閉じ込められるといったケースはあっても、一人の死傷者も出さなかったJR東日本にしてもそうだろう。

こうした現場力こそが称賛されるべきだ。懸命にみずからの任務を遂行する自衛隊や消防隊などの「有事の現場力」のみならず、このような「平時の現場力」の重要性が再認識されるべきなのである。

「中央」のエゴを押しつけるな

そしてまた、日本の現場の力強さ、逞しさが必要となるのは「救済」「復旧」という局面のみならず、みなが待ち焦がれる「復興」という局面においても同様である。いやむしろ、地域の未来を創造する「復興」だからこそ、そこで中心に据えられるのは「現場力」であるべきだ。

つねに現場の目線をもち、現場主導で復興を進めることこそが、被災地に活力を与え、希望の灯を点《とも》すことになる。驚異的とも言うべき高い当事者意識、プライド、組織能力が、日本の現場には存在している。その現場を元気にすることが、企業を活性化させ、日本という国そのものを再生する起点となりうる。

もう少し具体的に述べよう。現場力を活かす復興のために、国、地域、企業の留意すべきポイントが三つある、と私は考えている。

まず第一に、復興の青図（ビジョン）をいち早く示すことだ。「現場力」を活かすには、何を実現するのか、どこへ向かおうとするかといった明確な目標が不可欠だからである。再生に向けた地域づくり、街づくり、企業における工場の立てなおしなどを行う第一歩は、未来の姿を示すことだ。それが現場に希望の灯を点し、現場力を発揮させる起爆剤になる。そういった意味で、いまこそ「中央」や「本社」は仕事をしなければならない。

しかしそこで留意すべきは、あくまで現場といっしょになって青図を描く、ということだ。中央主導の浮ついた、現場感のない底の浅い復興構想をぶちあげたところで、「民」や「現場」は決してついてこない。

六月末に提言を出した復興構想会議はまさに、「中央」が独善で物事を進めようとする典型例だろう。ピラミッドの頂点に復興構想会議があり、そこで決定されたことを現場に落とし込む。このような発想で、現場が機能するはずがない。

阪神・淡路大震災にくらべると今回の被災地はきわめて広範囲であり、市町村の数も多く、またそれぞれが個性的な存在だ。そして、それぞれの市町村には立派なリーダーがいる。彼らこそが青図づくりの中心となるべきで、そのそれぞれに復興構想会議が設置されるべきだろう。それを県単位で束ね、さらに国が全体を支援するという「逆ピラミッド」の発想が重要である。

もちろん「津波や地震に強い街づくりを」といった、すべてに共通する復興指針については国が出してもかまわない。だが、そのうえでどんな街にするかは、各地域に考えてもらう。

「エコタウンにする」などといった押しつけは、「中央」のエゴ以外の何物でもない。地域には地域の思い、住民の思いが必ずある。「もう一度、漁業を取り戻したい」「農業をやりたい」といった思いを汲み取り、それを各市町村のリーダーが束ねて決めていくというかたちを採るべきなのだ。

日本のよさは、均一性や画一性にあるのではない。それぞれが非常に個性的な街づくりを行ってきたわけで、地元に対するプライドもある。それらをすべて無視し、一元的、画一的な復興計画をつくろうとすれば、その地域は根こそぎダメになってしまうだろう。

いまこそ企業は「社会的責任」を果たすべき

現場力を活かす第二のポイントは、「権限委譲を徹底させる」ことだ。復興の道程《みちのり》において、最適な判断をスピーディに行えるのはやはり、現場をおいてほかにない。

そして現場の論理で復興を進めるため、第一のポイントにもかかわるが、少なくとも実務レベルの権限は、大幅に現場に委譲すべきだろう。「中央」や「本社」の介入は、必要最小限にとどめなければならない。言い方を換えれば、これは地域主権、現場主権を推し進める絶好のチャンスである。

もちろん、そこに「中央」のアイデアが加わることは重要だ。しかし、それはあくまで補助であり、それぞれの地元が自分たちはどうしたいかを自立的に考えることが主でなくてはならない。助けることは大事だが、依存することを助長してはいけない。「自分たちで再生する」「復興する」と思ってもらうことが何より大切だ。その力が日本の現場にはあるのだから、それを信じてどう支援するかを考えるのが「中央」の役割である。

救済、復旧の局面はしかたないが、それと復興を同じ位置づけで考えるべきではない。なし崩し的に同様のアプローチで復興をとらえてしまえば、逆に現場の足を引っ張ってしまう。どうやって支援するか、という哲学については、あらためて最後に述べたいと思う。

第三のポイントは、この復興期を人材育成の好機ととらえることである。復興とは、未来の創造だ。これは若い世代を現場で育てるチャンスともなる。創造という「躍動するプロセス」に身を置くことで、自分を磨き、そして鍛える最高の場にさせるのだ。

若い世代を復興の現場に送り出し、ベテラン・中堅社員たちと交流させる。そこで体験を共有させる。それによって「暗黙知」とも言われる現場のノウハウを移植するのである。

だからこそ、工場なり事務所に被害が出たからといって、企業は安易にほかの地域への移転を考えるべきではない。目先の安易な合理性だけで考えれば、「あれだけの被害があったのだから、西に移す」「海外に移す」という選択肢があるのかもしれないが、私に言わせれば、それは「合理主義」ではなく、底の浅い「ご都合主義」である。

もう一度、東北の自立的な再生を支えるため、それぞれの企業に何ができるのか、ということを考えれば、きわめて重要となるのが「雇用」である。雇用の維持、創出こそ地域を依存から救い出し、自立的復興へと導いていく。

いまこそ、日本企業は「社会的責任」を果たすべきだ。

短期的に儲かる、儲からないではなく、逃げ出さずに残るという決断自体が地域住民に勇気を与え、結果的に企業評価にもつながる。幸いにして多くの日本企業は、そのような判断を行っているようである。この大震災によってもう一つ明らかになったもの、それは日本企業の「まっとうさ」ではないだろうか。

日本にカリスマ的リーダーは要らない

「民」や「現場」の力強さが顕著に表れる一方、政府や東電など「中央」のだらしなさが露呈したこの震災は、日本におけるリーダーシップのあり方への示唆でもある。

「中央」のだらしなさの問題は、菅首相の言動および、それに対する評価を見ても明らかだろう。現場に行ったことがあれほど評価されないリーダーを、私はこれまで見たことがない。

日本のトップとして被災者を労《いたわ》ったり、現場で奮闘する自衛隊や消防隊に勇気を与えたりする必要があるにもかかわらず、そのような意識が菅首相にあるようには見えなかった。国民もそう感じていたからこそ、彼が現場に行くことを「パフォーマンス」としかとらえていない。そう思われている時点で、国難の時期におけるリーダーとして失格である。

そして、そのような中央のリーダーのふがいなさにくらべて、地方や現場に近いリーダーで、地域や企業を救うため、懸命のリーダーシップを発揮している人が多いことにまた、多くの国民は気づいている。

たとえば自身が大津波に呑み込まれながら、奇跡的に生還した宮城県南三陸町の佐藤仁町長は、『朝日新聞』(二〇一一年三月二十一日付)のインタビューで次のように答えている。

「起きてしまったことはしようがない。この現実からは逃れられません。でも、後ろは向きたくない。私が前を見なかったら、町民のみなさんも前を見られない。前を見るしかないんです」

三陸の小さな町のリーダーがこのような言葉を語ったことに、私は大きな感動を覚えた。これこそ本来は、中央のリーダーである首相が言わなければならない。

絶望のなかで、このような毅然《きぜん》とした覚悟と勇気をもったリーダーが、日本には存在している。そして、そのようなリーダーは現場に近いところで、つねに現場とともにあろうとする。現場と一体になり、汗をかき、喜びも悲しみも共有しようとする。

有事にあってみずから倉庫に出向き、ハンディ端末を片手に出庫作業を行ったバイタルネットの副社長の姿は間違いなく、現場の人たちに火を点けただろう。この「距離感」こそが、日本の競争力の原点なのだ。

行政、企業を問わず、日本のリーダーはこうあらねばならない。つねに現場とともにあることこそ、「民の国」「現場の国」にふさわしいリーダーシップではないか。

おそらく、日本に欧米型のリーダーはなじまない。現場から遊離したカリスマ性など不要なのだ。逆に必要となるのは、「民の国」であり、「現場の国」だからこそ、民や部下から慕《した》われ、尊敬される資質であり、言動である。

ふがいない政治を抱え、借金まみれのこの国が、突如として起こった戦後最大の難局を乗りきるには、屋台骨である企業が元気を取り戻し、「稼ぎまくる」しかない。マスメディアでは「集める」（徴税）、「使う」（支出）という話ばかりが議論され、「稼ぐ」ことへの意識が欠落している。しかし「稼ぐ」ことなしに、この難局を乗りきることは不可能だ。

誤解を恐れずに、あらためて強調したい。

もう一度、日本人は「エコノミック・アニマル」に戻るべきである。全国民が一丸となって働き、東北の復興を支えなければならない。それこそが彼の地に対して行える最大の「支援」だろう。

そして、そのために求められているのは、顕示欲や権力欲にまみれたリーダーシップではない。「現場」を労り、勇気づけ、そしてその底力を発揮させることができるリーダーシップなのである。

本書は弊誌『Voice』誌上での対談をきっかけに、
構成を大幅に見なおして互いに加筆・修正を施し、
まとめたものである。
なお、以下は各論考を初出としている。

序章：『リアリズムなき政治家が国を壊す』(2011年7月号)

終章：『「民の国」の強さを信じよう』(2011年6月号)

野中郁次郎［のなか・いくじろう］

1935年東京都生まれ。一橋大学名誉教授、カリフォルニア大学バークレー校経営大学院ゼロックス知識学ファカルティ・フェロー、クレアモント大学大学院ドラッカー・スクール名誉スカラー、㈱富士通総研経済研究所理事長。早稲田大学政治経済学部卒業。富士電機製造㈱を経て、カリフォルニア大学バークレー校経営学博士（Ph.D.）。南山大学教授、防衛大学校教授、一橋大学大学院国際企業戦略研究科教授などを経て、現職。「知識創造理論」を広めた世界的なビジネス思想家として知られる。
不朽の名著『失敗の本質』（ダイヤモンド社／中公文庫）をはじめ、『アメリカ海兵隊』（中公新書）、『知識創造企業』『流れを経営する』（以上、東洋経済新報社）、『戦略の本質』（日経ビジネス人文庫）、『イノベーションの知恵』（日経BP社）など自著・共著多数。

遠藤 功［えんどう・いさお］

1956年東京都生まれ。早稲田大学大学院商学研究科（ビジネススクール）教授、㈱ローランド・ベルガー日本法人会長。早稲田大学商学部卒業。米国ボストンカレッジ経営学修士（MBA）。三菱電機㈱、米系戦略コンサルティング会社勤務を経て、現職。ローランド・ベルガードイツ本社の経営監査委員、カラーズ・ビジネス・カレッジ（CBC）学長、中国・長江商学院客員教授なども務める。
おもな著書に『現場力を鍛える』『見える化』『ねばちっこい経営』（以上、東洋経済新報社）、『課長力』（朝日新聞出版）、『伸び続ける会社の「ノリ」の法則』（日経プレミアシリーズ）、『経営戦略の教科書』（光文社新書）、『ビジネスの“常識”を疑え!』（PHPビジネス新書）など多数ある。

編集協力――岡田仁志

PHP新書

PHP INTERFACE
http://www.php.co.jp/

日本企業にいま大切なこと

（PHP新書752）

二〇一一年九月一日　第一版第一刷

著者――野中郁次郎／遠藤　功
発行者――安藤　卓
発行所――株式会社PHP研究所
東京本部――〒102-8331　千代田区一番町21
新書出版部 ☎03-3239-6298（編集）
普及一部 ☎03-3239-6233（販売）
京都本部――〒601-8411　京都市南区西九条北ノ内町11
組版――有限会社エヴリ・シンク
装幀者――芦澤泰偉＋児崎雅淑
印刷所
製本所――図書印刷株式会社

ISBN978-4-569-79713-7

ＰＨＰ新書刊行にあたって

「繁栄を通じて平和と幸福を」(PEACE and HAPPINESS through PROSPERITY)の願いのもと、ＰＨＰ研究所が創設されて今年で五十周年を迎えます。その歩みは、日本人が先の戦争を乗り越え、並々ならぬ努力を続けて、今日の繁栄を築き上げてきた軌跡に重なります。

しかし、平和で豊かな生活を手にした現在、多くの日本人は、自分が何のために生きているのか、どのように生きていきたいのかを、見失いつつあるように思われます。そして、その間にも、日本国内や世界のみならず地球規模での大きな変化が日々生起し、解決すべき問題となって私たちのもとに押し寄せてきます。

このような時代に人生の確かな価値を見出し、生きる喜びに満ちあふれた社会を実現するために、いま何が求められているのでしょうか。それは、先達が培ってきた知恵を紡ぎ直すこと、その上で自分たち一人一人がおかれた現実と進むべき未来について丹念に考えていくこと以外にはありません。

その営みは、単なる知識に終わらない深い思索へ、そしてよく生きるための哲学への旅でもあります。弊所が創設五十周年を迎えましたのを機に、ＰＨＰ新書を創刊し、この新たな旅を読者と共に歩んでいきたいと思っています。多くの読者の共感と支援を心よりお願いいたします。

一九九六年十月

ＰＨＰ研究所

PHP新書

[社会・教育]

117 社会的ジレンマ　山岸俊男
134 社会起業家「よい社会」をつくる人たち　町田洋次
141 無責任の構造　岡本浩一
175 環境問題とは何か　富山和子
252 テレビの教科書　碓井広義
324 わが子を名門小学校に入れる法　清水克彦／和田秀樹
330 権威主義の正体　岡本浩一
335 NPOという生き方　島田 恒
380 貧乏クジ世代　香山リカ
389 効果10倍の〈教える〉技術　吉田新一郎
396 われら戦後世代の「坂の上の雲」　寺島実郎
398 退化する若者たち　丸橋 賢
414 わが子を有名中学に入れる法　清水克彦／和田秀樹
418 女性の品格　坂東眞理子
455 効果10倍の〈学び〉の技法　吉田新一郎／岩瀬直樹
481 良妻賢母　池内ひろ美
495 親の品格　坂東眞理子
504 生活保護vsワーキングプア　大山典宏
515 バカ親、バカ教師にもほどがある　藤原和博／[聞き手]川端裕人
518 グーグルが日本を破壊する　竹内一正
522 プロ法律家のクレーマー対応術　横山雅文
537 ネットいじめ　荻上チキ
546 本質を見抜く力――環境・食料・エネルギー　養老孟司／竹村公太郎
558 若者が3年で辞めない会社の法則　本田有明
561 日本人はなぜ環境問題にだまされるのか　武田邦彦
569 高齢者医療難民　吉岡 充／村上正泰
570 地球の目線　竹村真一
577 読まない力　養老孟司
586 理系バカと文系バカ　竹内 薫[著]／嵯峨野功一[構成]
599 共感する脳　有田秀穂
601 オバマのすごさ やるべきことは全てやる！　岸本裕紀子
602 「勉強しろ」と言わずに子供を勉強させる法　小林公夫
607 進化する日本の食　共同通信社[編]
616 「説明責任」とは何か　井之上 喬
618 世界一幸福な国デンマークの暮らし方　千葉忠夫
619 お役所バッシングはやめられない　山本直治
621 コミュニケーション力を引き出す　平田オリザ／蓮行
629 テレビは見てはいけない　苫米地英人

［**思想・哲学**］

682 「肩の荷」をおろして生きる　上田紀行
721 人生をやり直すための哲学　小川仁志
733 吉本隆明と柄谷行人　合田正人

［歴史］

005・006 日本を創った12人（前・後編）　堺屋太一
061 なぜ国家は衰亡するのか　中西輝政
146 地名で読む江戸の町　大石　学
234 駅名で読む江戸・東京　大石　学
286 歴史学ってなんだ？　小田中直樹
384 戦国大名 県別国盗り物語　八幡和郎
446 戦国時代の大誤解　鈴木眞哉
449 龍馬暗殺の謎　木村幸比古
505 旧皇族が語る天皇の日本史　竹田恒泰
513 チャーチルが愛した日本　関　榮次
548 戦国合戦・15のウラ物語　河合　敦
560 封建制の文明史観　今谷　明
591 対論・異色昭和史　鶴見俊輔／上坂冬子
598 戦国武将のゴシップ記事　鈴木眞哉
606 世界危機をチャンスに変えた幕末維新の知恵　原口　泉
610 娯楽都市・江戸の誘惑　安藤優一郎
640 アトランティス・ミステリー　庄子大亮
647 器量と人望 西郷隆盛という磁力　立元幸治
660 その時、歴史は動かなかった!?　鈴木眞哉
663 日本人として知っておきたい近代史［明治篇］　中西輝政
672 地方別・並列日本史　武光　誠
677 イケメン幕末史　小日向えり
679 四字熟語で愉しむ中国史　塚本青史
704 坂本龍馬と北海道　原口　泉
725 蔣介石が愛した日本　関　榮次
734 謎解き「張作霖爆殺事件」　加藤康男
738 アメリカが畏怖した日本　渡部昇一
740 戦国時代の計略大全　鈴木眞哉
743 日本人はなぜ震災にへこたれないのか　関　裕二

［言語・外国語］

224 最強の英語上達法　岡本浩一
643 白川静さんと遊ぶ 漢字百熟語　小山鉄郎
723 「古文」で身につく、ほんものの日本語　鳥光　宏

［文学・芸術］

258 「芸術力」の磨きかた　林　望
343 ドラえもん学　横山泰行
368 ヴァイオリニストの音楽案内　高嶋ちさ子

391 村上春樹の隣には三島由紀夫がいつもいる。 佐藤幹夫
415 本の読み方 スロー・リーディングの実践 平野啓一郎
421 「近代日本文学」の誕生 坪内祐三
497 すべては音楽から生まれる 茂木健一郎
519 團十郎の歌舞伎案内 市川團十郎
545 建築家は住宅で何を考えているのか
東京大学建築デザイン研究室［編］ 難波和彦／千葉 学／山代 悟
557 高嶋ちさ子の名曲案内 高嶋ちさ子
567 『源氏物語』の京都を歩く
山折哲雄［監修］／槇野 修［著］
578 心と響き合う読書案内 小川洋子
581 ファッションから名画を読む 深井晃子
588 小説の読み方 平野啓一郎
595 音楽の捧げもの 茂木健一郎
597 戦後民主主義と少女漫画 飯沢耕太郎
612 身もフタもない日本文学史 清水義範
617 岡本太郎 平野暁臣
623 「モナリザ」の微笑み 布施英利
628 「萌え」の起源 鳴海 丈
636 あの作家の隠れた名作 石原千秋
668 謎解き「アリス物語」 稲木昭子／沖田知子
676 ぼくらが夢見た未来都市 五十嵐太郎／磯 達雄
707 宇宙にとって人間とは何か 小松左京
731 フランス的クラシック生活
ルネ・マルタン［著］／高野麻衣［解説］

［心理・精神医学］

053 カウンセリング心理学入門 國分康孝
065 社会的ひきこもり 斎藤 環
103 生きていくことの意味 諸富祥彦
111 「うつ」を治す 大野 裕
171 学ぶ意欲の心理学 市川伸一
196 〈自己愛〉と〈依存〉の精神分析 和田秀樹
304 パーソナリティ障害 岡田尊司
364 子どもの「心の病」を知る 岡田尊司
381 言いたいことが言えない人 加藤諦三
453 だれにでも「いい顔」をしてしまう人 加藤諦三
487 なぜ自信が持てないのか 根本橘夫
534 「私はうつ」と言いたがる人たち 香山リカ
550 「うつ」になりやすい人 加藤諦三
574 心はなぜ不自由なのか 浜田寿美男
583 だましの手口 西田公昭
608 天才脳は「発達障害」から生まれる 正高信男
627 音に色が見える世界 岩崎純一

587 微分・積分を知らずに経営を語るな　内山 力
593 メジャーリーグのWBC世界戦略　古内義明
594 新しい資本主義　原 丈人
603 凡人が一流になるルール　齋藤 孝
611 ドバイの憂鬱　宮田 律
620 自分らしいキャリアのつくり方　高橋俊介
645 型破りのコーチング　平尾誠二／金井壽宏
655 変わる世界、立ち遅れる日本　ビル・エモット［著］／烏賀陽正弘［訳］
689 仕事を通して人が成長する会社　中沢孝夫
709 なぜトヨタは逆風を乗り越えられるのか　若松義人
710 お金の流れが変わった！　大前研一
713 ユーロ連鎖不況　中空麻奈
727 グーグル10の黄金律　桑原晃弥

［宗教］

123 お葬式をどうするか　ひろさちや
210 仏教の常識がわかる小事典　松濤弘道
300 梅原猛の『歎異抄』入門　梅原 猛
378 陰陽道とは何か　戸矢 学
469 神社の由来がわかる小事典　三橋 健
564 人生が開ける禅の言葉　高田明和
716 心が温かくなる日蓮の言葉　大平宏龍

［政治・外交］

318・319 憲法で読むアメリカ史（上・下）　阿川尚之
326 イギリスの情報外交　小谷 賢
413 歴代総理の通信簿　八幡和郎
426 日本人としてこれだけは知っておきたいこと　中西輝政
494 地域主権型道州制　江口克彦
535 総理の辞め方　本田雅俊
580 日本にオバマは生まれるか　横江公美
631 地方議員　佐々木信夫
644 誰も書けなかった国会議員の話　川田龍平
667 アメリカが日本を捨てるとき　古森義久
686 アメリカ・イラン開戦前夜　宮田 律
688 真の保守とは何か　岡崎久彦
729 国家の存亡　関岡英之
745 官僚の責任　古賀茂明
746 ほんとうは強い日本　田母神俊雄

［人生・エッセイ］

147 勝者の思考法　二宮清純
263 養老孟司の〈逆さメガネ〉　養老孟司

340 使える！『徒然草』　齋藤 孝
377 上品な人、下品な人　山崎武也
411 いい人生の生き方　江口克彦
424 日本人が知らない世界の歩き方　曾野綾子
431 人は誰もがリーダーである　平尾誠二
484 人間関係のしきたり　川北義則
500 おとなの叱り方　和田アキ子
507 頭がよくなるユダヤ人ジョーク集　烏賀陽正弘
516 熱き心　山本寛斎
529 賢く老いる生活術　中島健二
571 男には七人の敵がいる　川北義則
575 エピソードで読む松下幸之助　PHP総合研究所［編著］
585 現役力　工藤公康
589 エンタメ通訳の聞き方・話し方　小林禮子
590 日本を滅ぼす「自分バカ」　勢古浩爾
600 なぜ宇宙人は地球に来ない？　松尾貴史
604 〈他人力〉を使えない上司はいらない！　河合 薫
609 「51歳の左遷」からすべては始まった　川淵三郎
613 西洋美術史から日本が見える　木村泰司
625 人生の醍醐味を落語で味わう　童門冬二
630 笑える！ 世界の七癖 エピソード集　岡崎大五
634 「優柔決断」のすすめ　古田敦也
638 余韻《よいん》のある生き方　工藤美代子
653 筋《すじ》を通せば道は開ける　齋藤 孝
657 駅弁と歴史を楽しむ旅　金谷俊一郎
664 脇役力〈ワキヂカラ〉　田口 壮
665 お見合い1勝99敗　吉良友佑
671 晩節を汚さない生き方　鷲田小彌太
699 采配力《さいはいりょく》　川淵三郎
700 プロ弁護士の処世術　矢部正秋
702 プロ野球 最強のベストナイン　小野俊哉
714 野茂英雄　ロバート・ホワイティング［著］／松井みどり［訳］
715 脳と即興性　山下洋輔／茂木健一郎
722 長嶋的、野村的　青島健太
726 最強の中国占星法　東海林秀樹
736 他人と比べずに生きるには　高田明和
742 みっともない老い方　川北義則

［**知的技術**］

003 知性の磨きかた　林 望
025 ツキの法則　谷岡一郎
112 大人のための勉強法　和田秀樹
180 伝わる・揺さぶる！ 文章を書く　山田ズーニー

［自然・生命］